50 RÈGLES ESSENTIELLES

TOEIC®

Pierre COUTURIER

SOMMAIRE

AVANT-PROPOS

Professeur d'anglais pendant plus de 10 ans, j'ai eu l'occasion de préparer des élèves de lycée et des étudiants au TOEIC® *Listening & Reading*. Ce test est très utile, que ce soit pour mesurer concrètement son niveau d'anglais ou pour préparer une carrière dans un environnement international, en France ou à l'étranger. Il est également préparé par de nombreux adultes dans le cadre de leur formation continue et il est connu dans le monde de l'entreprise.

Réussir le TOEIC® implique trois conditions :
• la première, bien entendu la plus importante, exige une sérieuse préparation sur le plan linguistique. Il est nécessaire d'avoir les **connaissances grammaticales et lexicales** spécifiques pour comprendre les phrases et les documents ;
• la deuxième, que de nombreux candidats oublient, implique de **bien connaître le format du test** : comment il se présente, combien de temps durent les parties et les exercices, quelles stratégies adopter pour ne pas perdre de temps ;
• la troisième condition est de pouvoir **gérer son stress** car le test est particulièrement dense, au regard de sa durée. Lorsque j'organisais des stages de préparation au TOEIC®, je faisais toujours passer un test blanc le premier jour et le dernier jour. Le résultat de l'expérience était immanquablement le même : une majorité d'étudiants n'avaient pas fini le test le premier jour alors qu'une majorité d'étudiants avaient pu terminer le test en fin de stage.

Il existe deux versions du TOEIC® :
• la version *Listening & Reading*, qui évalue les compétences de compréhension orale et de compréhension écrite. C'est cette version-là qui va nous intéresser dans ce manuel puisque c'est la version la plus utilisée et la plus connue ;
• la version *Speaking & Writing*, qui évalue les compétences de production orale et production écrite.

Pour rendre la lecture de ce manuel plus facile, le découpage de ses 50 fiches suit un ordre logique :

- fiches 1 à 7 : **présentation et méthodologie des épreuves** avec exercices d'application au format exact du test pour savoir exactement à quoi s'attendre le jour J ;
- fiches 8 à 30 : **rappels linguistiques fondamentaux** et exercices pour repérer les difficultés et les pièges proposés au TOEIC® ;
- fiches 31 à 50 : **listes de vocabulaire** sur les thématiques incontournables du TOEIC® avec exercices d'application et exercices types.

Les exercices proposés comprennent des exercices types du TOEIC® et des exercices d'application qui permettent de vérifier la bonne compréhension d'un point de grammaire, d'un temps ou la bonne maîtrise du lexique à connaître. C'est un outil pratique et concret et un bon point de départ pour préparer ce test.

Bonne lecture et bon travail à tous !

Pierre Couturier

INTRODUCTION

Le *Test Of English for International Communication* a été mis en place par ETS. C'est un test qui évalue les compétences des candidats en anglais général dans un contexte professionnel. Pour de nombreuses écoles et universités, c'est un moyen de tester le niveau des étudiants pour pouvoir ensuite les placer dans des groupes de niveau ou pour évaluer leur aptitude à suivre un cursus en anglais. Pour les entreprises, c'est un outil permettant d'évaluer l'aptitude d'un candidat à travailler dans un environnement international.

Dans le cadre de la réforme de la formation professionnelle, entrée en vigueur au 1er janvier 2015, les formations en langue doivent être « certificatives » : les stagiaires doivent choisir des formations sanctionnées par un examen ou un test et le TOEIC® est l'un des choix les plus fréquents.

Il ne faut pas confondre le TOEIC® avec le TOEFL® *(Test Of English as a Foreign Language)* qui évalue les compétences en anglais général dans un contexte académique. Ce dernier s'adresse donc davantage à des étudiants qui souhaitent intégrer une université étrangère.

Le test peut être effectué en France ou à l'étranger, par exemple à la suite d'un séjour linguistique dédié à la préparation au TOEIC® en école de langue ou en *one-to-one* chez un professeur.

En France, les universités et plusieurs organismes tels que des centres de formation ou des écoles privées peuvent être centres d'examen. Pour connaître les centres d'examen disponibles, les dates des différentes sessions et les prix, vous devez vous rendre sur le site officiel du TOEIC® : https://www.etsglobal.org/Fr/Fre.

LE FORMAT DU TOEIC®

Le TOEIC® dure deux heures. Cependant, on demande aux candidats d'arriver une heure avant l'heure du test pour la « mise en place » car il y a un certain nombre de règles à respecter et les examinateurs ont l'obligation de lire les règles à respecter.

Le TOEIC® teste deux types de compétences :
• « compréhension orale » : quatre parties (I à IV), 45 minutes. Puisque vous écoutez un CD qui avance dans l'ordre des exercices, vous n'avez pas le choix et devez respecter l'ordre imposé ;
• « compréhension écrite » : trois parties (V à VII), 75 minutes. Les candidats peuvent gérer leur temps comme ils le veulent. Il faut essayer d'aller très vite sur les parties V et VI car la partie VII, en raison du nombre de documents à lire, est clairement la plus longue.

On vous remet deux documents :
• un fichier qui comprend l'ensemble des exercices avec consignes, documents et questions. Vous n'avez pas besoin de noter quoi que ce soit dessus ;
• une feuille de réponse sur laquelle vous devrez reporter vos réponses. Tous les exercices sont des QCM : vous n'avez donc rien à écrire. Attention, lorsque vous reportez les réponses aux questions, à ne pas vous tromper de numéro de question sous peine de décaler toutes les réponses.

COMPRENDRE SON SCORE

Les scores du TOEIC® sont en général communiqués dans un délai de deux semaines. Pour les candidats qui ont besoin d'obtenir leurs résultats très rapidement, il est possible de sélectionner une option (payante) pour les recevoir sous 48 heures.
Les deux parties « compréhension orale » et « compréhension écrite » ont la même importance et comptent chacune pour 495 points, avec un **score total sur 990 points**. Afin de rendre le score obtenu par les candidats plus lisible, les résultats ont été adossés au Cadre européen commun de référence pour les langues (CECRL) :
• 120 points : niveau A1 (débutant) ;
• 225 points : niveau A2 (pré-intermédiaire) ;
• 550 points : niveau B1 (seuil) ;
• 785 points : niveau B2 (avancé) ;
• 945 points : niveau C1-C2 (autonome).

Le **seuil de 785 points** est très souvent celui qu'il faut atteindre car c'est le score minimum fixé par de nombreuses universités ou entreprises dans leurs politiques de recrutement.

PARTIE 1

Présentation des épreuves

1 RÉUSSIR LA PARTIE I : L'EXERCICE DES PHOTOS

Règle

Dans cette première partie, vous allez devoir observer un certain nombre de photographies. Pour chacune d'elles, vous allez entendre quatre phrases (assez courtes) et vous devrez choisir celle qui décrit le mieux la photo. Les trois autres, même si vous entendez des mots que vous allez pouvoir associer à la photo, ne sont pas correctes. Les phrases ne sont entendues qu'une seule fois : il faut donc être parfaitement concentré.
Il faut garder à l'esprit que même si on entend un mot que l'on peut associer à la photo, la phrase en question n'est pas nécessairement correcte.

Exemple 1 :

Regardez attentivement la photo suivante. Choisissez la phrase, parmi les quatre que vous pourriez entendre le jour du test, qui décrit le mieux la photo.

A) She arrived too late at the meeting.
B) She is writing on her computer.
C) The coffee mugs are on the table. ✓
D) The meeting started on time.

La bonne réponse est la réponse C : c'est la seule proposition correcte.

A) Le simple fait d'entendre le mot *meeting* peut inciter des candidats à cocher cette proposition comme bonne réponse car bien entendu, les personnes sont en réunion, mais cela ne suffit pas.
B) C'est faux : il y a bien un ordinateur sur la photo, mais c'est un homme qui l'utilise.
D) Aucun renseignement n'est donné sur ce sujet.

Exemple 2 :

Regardez attentivement la photo suivante. Choisissez la phrase, parmi les quatre que vous pourriez entendre le jour du test, qui décrit le mieux la photo.

A) The park closes at 7 o'clock.
B) They are doing their homework.
C) They are having dinner in the park.
D) The park is located near the campus.

La bonne réponse est la réponse B, c'est la seule réponse correcte.

A) Même si l'on parle bien d'un parc, c'est une information qui ne peut être vérifiée sur la photo.
C) Ils travaillent, ils ne mangent pas.
D) Le mot *campus* peut faire penser aux étudiants, mais rien ne permet de vérifier cette information.

■ EXERCICE :

For each question in this part, you will hear four statements about a picture in your test book. When you hear the statements, you must select the one statement that best describes what you see in the picture. Then find the number of the question on your answer sheet and mark your answer. The statements will not be printed in your test book and will be spoken only one time.

1. 

A) The woman is picking up the phone.
B) She's working on an important file on her computer.
C) They're talking about documents.
D) They are rebooting the computer.

2. 

A) The man is picking up his luggage.
B) He is waiting for a domestic flight.
C) The terminal is crowded.
D) He will soon be on board.

2 RÉUSSIR LA PARTIE II : QUESTIONS-RÉPONSES

Règle

Dans la deuxième partie du TOEIC®, vous allez entendre un certain nombre de phrases ou de questions (très courtes), suivies de trois propositions. Une seule de ces propositions convient. Il faut s'assurer que la phrase A, B ou C choisie soit la réponse directe à la question posée ou bien qu'elle soit en cohérence.
Ce n'est pas parce que vous entendez dans les trois propositions un mot de la phrase ou de la question qu'il s'agit nécessairement de la bonne réponse.

Exemple 1 :
Did you make a lunch reservation?
A) I'd rather have beef.
B) Susan took care of that.
C) We have a reservation for three nights.

La bonne réponse est la réponse B. Ni le nom, ni le verbe ne sont entendus dans la phrase de départ mais c'est la seule proposition à apporter une réponse cohérente à la question.
A) Certes, on peut être tenté d'associer *lunch* et *beef*, mais la proposition ne répond pas à la question.
C) La répétition du mot *reservation* peut également induire en erreur. Mais on devine que l'on parle ici d'une réservation à l'hôtel et non au restaurant.

Exemple 2 :
I think you should call the HR.
A) The HR Department is on the first floor.
B) You should hire a new assistant.
C) I tried, no one would pick up the phone.

La bonne réponse est la réponse C.
A) La répétition du mot *HR* peut induire en erreur, mais l'indication donnée n'a rien à avoir avec le sujet de la phrase proposée.
B) Bien que l'on parle de ressources humaines et donc indirectement de recrutement, et bien que l'on entende *should* dans la phrase, la proposition n'a ici encore aucun rapport.

■ EXERCICE :

You will hear a question or statement and three responses spoken in English. They will not be printed in your test book and will be spoken only one time. Select the best response to the question or statement and mark the letter (A), (B), or (C) on your answer sheet.

1. Where's the meeting room?

A) The meeting starts at 3.
B) I'm afraid it's over now.
C) Right behind you.

2. How many books do we need to read this month?

A) I don't know yet.
B) She completed her new book last month.
C) The book needs to be completed by the end of this month.

3. You are from London, aren't you?

A) Our offices in London are closed.
B) I would love to go to London indeed.
C) Well, from the suburbs yes.

4. Who's is going to replace Amanda at the sales department?

A) We have received many applications already.
B) Amanda has been the head of this department for 10 years.
C) Juliet is going to the department store because of the summer sales.

5. Shouldn't Paul be here by now?

A) I know, I am upset too.
B) Paul won't be here next week.
C) I think you should fire Paul.

3 RÉUSSIR LES PARTIES III ET IV : MONOLOGUES ET DIALOGUES

Règle

Les parties III et IV sont conçues de la même manière : dix enregistrements avec pour chacun trois questions. Chaque enregistrement n'est entendu qu'une seule fois. La partie III est constituée de courts dialogues et la partie IV est constituée de courts monologues/discours/présentations avec un seul intervenant. À chaque enregistrement est associée une série de trois questions et une seule réponse est correcte parmi la liste des propositions.
Pour gagner du temps, vous devez essayer de lire les questions avant d'entendre les documents audio, afin de savoir quelles informations rechercher dans les conversations ou les monologues.

Exemple 1 :

You will hear some conversations between two people. You will be asked to answer three questions about what the speakers say in each conversation.
Select the best response to each question and mark the letter (A), (B), (C), or (D) on your answer sheet. The conversations will not be printed in your test book and will be spoken only one time.

Man: Hello, Mike Daniel's, how can I help you?
Woman: Hello. This is Debbie Neword here. I'm calling you about my car. I was wondering if I could come and get it now?
Man: Debbie, could you remind me what's the make of your car?
Woman: It's a Nissan. It's grey.
Man: Oh yes. We had to order some additional parts and I am afraid we have not received them yet.
Woman: This is really bad news. When will the car be ready to pick up? I would really need it for next week.
Man: I am really sorry, I don't know. I'm going to call our suppliers and find out when we can expect the missing parts. Once the parts are here we can fix the car in two or three hours for sure.
Woman: Right, I'll give you a call at the end of the week then, OK?
Man: Sure.

1. Where is the woman calling?
A) an office
B) a garage
C) a medical center
D) a car factory

2. What information does that man ask for?
A) the woman's name
B) the registration number of the car
C) the make of the car
D) the woman's phone number

3. What is the man going to do?
A) telephone the suppliers
B) call the woman back
C) order a new part
D) pick up the motorbike

Exemple 2 :

You will hear some talks given by a single speaker. You will be asked to answer three questions about what the speaker says in each talk. Select the best response to each question and mark the letter (A), (B), (C), or (D) on your answer sheet. The talks will not be printed in your test book and will be spoken only one time.

Thank you for calling Fly Reservations. All of our operators are busy at this time. If you are looking for flight schedules, please visit our online booking service at www.flyreservations.com. If this is a personal call and you know the extension of the person you would like to speak to, dial the number now. For any other inquiries, please hold for the next available representative. Calls will be answered in sequence, so please do not hang up and try again.

1. Where would you hear such a message?
A) a train station
B) an airport
C) on the telephone
D) a TV commercial

2. Who should visit the website?
A) callers looking for staff members
B) callers looking for special schedules
C) staff members of Fly Reservations
D) people looking for flight details

3. What is the best way to speak to a representative?
A) call a different number
B) hang up and call again
C) wait patiently
D) call another operator

4 REMARQUES SUR LA COMPRÉHENSION ORALE

Règle

Pour réussir les différents exercices de la partie « compréhension orale », il est nécessaire d'être exposé régulièrement à de l'anglais parlé authentique : reportages télévisés, films ou séries en version originale, paroles de chansons, podcasts... En plus de ce travail d'entraînement à l'écoute (accents britanniques, américains, non anglophones...), les candidats doivent développer des stratégies de compréhension :
- se méfier des homophones : ces mots qui se prononcent de la même manière mais qui ne s'écrivent pas nécessairement de la même manière et qui peuvent donc avoir des sens différents ;
- savoir distinguer des sons qui se ressemblent (par ex. : -th et -s) ;
- distinguer les intonations montantes et descendantes.

Exemple 1 :

Il est important d'établir une liste d'homophones afin d'éviter toute confusion de sens :
- *allowed* (autorisé)/*aloud* (à haute voix) ;
- *ewe* (brebis)/*you* (tu/vous) ;
- *meet* (rencontrer)/*meat* (viande).

Exemple 2 :

Vous devez également être capables de bien distinguer des sons proches mais pourtant différents :
- *sheep* (un mouton)/*ship* (un navire) ;
- *sinking* (en train de couler)/*thinking* (en train de penser) ;
- *eat* (manger)/*heat* (chaleur) ;
- *close* (fermer)/*clothes* (vêtements) ;
- *together* (ensemble)/*to gather* (se rassembler).

Exemple 3 :

Enfin, vous devez identifier les intonations montantes et descendantes.

L'intonation est montante lorsque vous posez une question fermée (oui/non), vous utilisez un *question tag*, vous exprimez un doute : *Do you really want to see them again?* (Veux-tu vraiment les revoir à nouveau ?)

L'intonation est descendante lorsque vous posez une question ouverte, vous exprimez une certitude, formulez une exclamation : *Of course I know that!* (Bien sûr que je le sais !)

EXERCICE 1 :

En utilisant le contexte, choisissez le mot entendu dans les phrases suivantes.

1. We may need to ad/add some more colour on the poster.
2. He said he would call buy/by the end of the week.
3. I need some more flour/flower to decorate the cake.
4. I asked him to right/write a memo.
5. It is very solid. I think it is made of steel/steal.

EXERCICE 2 :

En utilisant le contexte, devinez quel est le mot que vous auriez entendu.

1. We decided to hire him also/although I don't think he has the skills for the job.
2. I am going to ask you to feel/to fill in this form please.
3. He said he would shop/chop around before taking his decision.
4. May I seat/sit here?
5. It does not taste/test so good.

EXERCICE 3 :

Pour chacune des phrases suivantes, indiquez si l'intonation est montante ou descendante.

1. Did you text him?
2. How funny!
3. Would you like to take care of the presentation?
4. Are you sure about that?
5. Let me guess: he's going to be late, isn't he?

5 RÉUSSIR LA PARTIE V : QCM DE GRAMMAIRE ET DE VOCABULAIRE

Règle

La partie V propose une série de 40 phrases. Chacune d'elles comporte un trou et vous devez choisir parmi quatre propositions la seule qui soit correcte. Pour les phrases qui portent sur une difficulté d'ordre linguistique, les réponses proposées peuvent être fausses pour différentes raisons : nature du mot, accord, place dans la phrase, temps utilisé...

Il est important, en cas de doute, de procéder par élimination : je sais qu'il me faut un verbe conjugué, ou bien un adverbe, je peux donc éliminer telle et telle proposition.

Exemple 1 :

Les propositions peuvent avoir toutes la même racine et il faut choisir la forme appropriée.

They say they were ... against because of their skin colour.

A) discrimination
C) discriminated
B) discriminating
D) discriminate

La bonne réponse est la réponse C : on attendait l'emploi du participe passé dans cette phrase qui emploie une voix passive.

Exemple 2 :

Les propositions portent sur la conjugaison et plusieurs temps seront utilisés.

If I ..., I would have made a reservation.

A) have known
C) knew
B) known
D) had known

La bonne réponse est la réponse D : l'emploi du *past perfect* est obligatoire dans le cadre des phrases construites sur le modèle « si j'avais su... j'aurais... ».

Exemple 3 :

Les propositions appartiennent toutes à la même catégorie de mots (adverbes, prépositions, verbes...) et il convient alors de choisir en fonction du contexte et du sens.
I am going to ask you to wait ... we receive their written confirmation.

A) by
C) for
B) until
D) to

La bonne réponse est B.

EXERCICE :

A word or phrase is missing in each of the following sentences. Four answer choices are given below each sentence. Select the best answer to complete the sentence. Then mark the letter (A), (B), (C), or (D) on your answer sheet.

1. To reward the whole team for our excellent performance, the Board of Directors ... a bonus for everyone.

A) approved
B) was approved
C) has approved
D) had approved

2. I think it will be easier if I ask her to do the job by ...

A) herself
B) her
C) she
D) hers

3. I interviewed ... applicants this morning, some of them have impressive CVs.

A) a few
B) a little
C) not so much
D) very many

4. We usually handle interviews ... a weekly basis.

A) at
B) on
C) for
D) by

5. We heard this before: this is the ... complaint.

A) use
B) usual
C) usually
D) used

6 RÉUSSIR LA PARTIE VI : TEXTES À COMPLÉTER

Règle

Dans la partie VI, vous allez lire une série de textes courts (emails, mémos, notes internes...). Chacun de ces textes comporte trois trous et vous devez choisir la bonne réponse parmi quatre propositions. La difficulté peut là encore être liée à la langue ou au vocabulaire. À la différence des exercices de la partie V qui comportent des phrases isolées et courtes, les exercices de la partie VI présentent un contexte qui peut avoir son importance : plusieurs réponses peuvent ainsi être correctes sur le plan de la langue mais une seule convient au regard de la logique du document. Pour gagner du temps, vous pouvez commencer par lire la phrase où se trouve le premier trou et voir si, hors contexte, il vous est possible de répondre.

Exemple :

Read the following text. A word or phrase is missing in some of the sentences. Four answer choices are given below each of the sentences. Select the best answer to complete the text. Then mark the letter (A), (B), (C), or (D) on your answer sheet.

Home For You
November 30th, 2015
Christmas sales

Dear Mr Schmidt,

As a ... customer, we are pleased to inform you that our yearly Christmas sales are just about to start. All of our items are at least 20% off.

1.
A) value
B) valued
C) valid
D) validated

A new contest will be organized: the prize this year is a weekend for two somewhere ... Washington State. The place will be revealed to the winners only, we can only say that it is a five star hotel and a premium location.

2.
A) in
B) at
C) on
D) from

Just like last year, money from the sales will be ... to the association Rise above cancer.
3.
A) donated
B) rewarded to
C) transmitted
D) passed on to

We are looking forward to seeing you in our store.
Sincerely.
Martha March
Store Manager

Les bonnes réponses sont :
1. B) a valued customer
2. A) in Washington State
3. A) donated (*to donate* = faire un don)

■ EXERCICE :

Read the following text. A word or phrase is missing in some of the sentences. Four answer choices are given below each of the sentences. Select the best answer to complete the text. Then mark the letter (A), (B), (C), or (D) on your answer sheet.

Dear customer,

It is with great pleasure that we have (1) ...

A) recent
B) recently
C) in recent
D) very recent

welcomed Louis to our Hair salon. Louis used to work with J&J Salon in Santa Monica and we feel privileged that he has chosen to work with us. We would like to (2) ...

A) take
B) make
C) bake
D) fake

this opportunity to inform you of a series of new discounts. For example, if you are having your hair done and also having a facial treatment, the cost of the facial will be $ 45 (3) ... $ 55.

A) likewise
B) in the place of
C) instead of
D) among of

We are looking forward to welcoming you.
Sincerely,
Luke Manheim

7 RÉUSSIR LA PARTIE VII : COMPRÉHENSION DE DOCUMENTS ÉCRITS

Règle

La partie VII est la plus longue partie de la « compréhension écrite » : vous allez devoir lire plusieurs documents et répondre à des questions de compréhension qui mesurent le plus souvent votre compréhension générale (buts du document, thème) mais parfois aussi votre compréhenson détaillée (sens particulier d'un mot en contexte). La partie VII comprend deux sous-parties : une première série de questions portant chacune sur un document unique, une seconde série de questions portant sur deux documents qu'il faut croiser.
Pour gagner du temps, vous pouvez lire les questions avant de lire les documents afin de savoir quelles informations chercher. Vous n'avez souvent pas besoin de lire ce qui figure en en-tête de certains documents, ni les formules d'ouverture ou de fermeture de courriers : cela vous fera gagner quelques secondes supplémentaires.

Exemple :

In this part you will read a selection of texts, such as magazine and newspaper articles, letters, and advertisements.Each text is followed by several questions.

Select the best answer for each question and mark the letter (A), (B), (C), or (D) on your answer sheet.

Special Deal
Subscribe to Photography Magazine and get 50 percent off the newsstand price.
Select one of the following options:
❏ Send me 12 issues (one year) for $22
❏ Send me 24 issues (two years) for $40
Subscriber Information :
E-mail address: markmarkmark@gmail.com
Full name: Mark Wilberg
Mailing address: 240 Cabrillo Road, unit 44
Palm Springs, 92262, California
Phone number: (201) 858-1110

1. What is Mr Wilberg asking for?
A) internet services
B) a concert ticket
C) camera accessories
D) a magazine subscription

2. How much does it cost in dollars?
A) 12
B) 22
C) 24
D) 40

Voici les bonnes réponses.
1. D) : on pourrait ici, en allant vite, être tenté de répondre A (parce qu'on peut lire une adresse mail dans le document) ou encore C (en raison du nom du magazine).
2. B) : attention à bien lire à quoi correspondent les chiffres et nombres indiqués sur un document et à ne pas lire trop vite un document !

■ EXERCICE :

In this part you will read a selection of texts, such as magazine and newspaper articles, letters, and advertisements.Each text is followed by several questions.

Select the best answer for each question and mark the letter (A), (B), (C), or (D) on your answer sheet.

HUGE ANNOUNCEMENT FOR ANTICS LOVERS

DARYN Gallery is having a PUBLIC SALE
in the Grand Room at the Hard Rock Hotel

1660 Palm Canyon, Palm Springs (Cal.)
Come and see our special selection of exquisite pieces :
Statues, Original oils, Photos, Crafts

Friday, January 4th
10 am–4 pm

For details and pictures of select items,
visit our website at http://www.daryngal.com/publicsale

1. What is the purpose of the notice?
A) to announce a sale of artwork
B) to advertise the opening of a hotel
C) to offer a discount on painting lessons
D) to publicize a fundraising

2. What can people do online?
A) register for art classes
B) buy selected items
C) view some pieces of art
D) order tickets to an event

PARTIE 2

Rappels linguistiques fondamentaux

8 ARTICLES

Règle

L'article défini *the* peut s'employer au singulier ou au pluriel dès lors que l'on évoque une personne ou un objet clairement identifié. Il existe de nombreux cas dans lesquels l'anglais n'utilise pas l'article défini alors qu'il est utilisé en français : des expressions comme « les Américains » ou « le PDG de Renault » se traduisent sans article : *Americans, Renault's CEO.*
L'article indéfini *a/an* s'emploie au singulier uniquement lorsqu'on désigne un objet ou une personne de manière non spécifique.
L'article zéro (pas d'article, Ø) s'emploie devant des noms qui expriment une fonction (*Minister*), les jours de la semaine (*Monday*), les disciplines scolaires (*French*). Il s'emploie aussi lorsqu'on évoque des goûts (*chocolate*) ou des généralités (*globalization*).

Exemple 1 :

L'article défini *the* peut donc se trouver devant un nom singulier ou pluriel :
- *The meeting will start in 5 minutes.* (La réunion va commencer dans 5 minutes.)
- *I am talking to the new trainees.* (Je suis en train de parler avec les nouveaux stagiaires.)

Exemple 2 :

L'article indéfini *a* se place devant un mot commençant par un son consonne alors que l'article indéfini *an* se place devant un mot commençant par un son voyelle :
- *This was such a great event.* (C'était véritablement un superbe événement.)
- *This was an extraordinary event.* (C'était un événement extraordinaire.)

Exemple 3 :

La maîtrise de l'article Ø est essentiel car il s'emploie souvent dans des cas où on utiliserait un article en langue française :
- *CFO Michael Walberg was killed this morning.* (Le directeur financier, Michael Walberg, a été tué ce matin.)
- *I always loved mathematics.* (J'ai toujours adoré les mathématiques.)

EXERCICE 1 :

Pour chacun des binômes d'exemples suivants, trouvez celui qui a besoin de l'article défini *the* et celui qui n'a pas besoin d'article (Ø).

1. I always thought ... German was a difficult language.
2. ... German teacher is really strict, but the kids love him.
3. ... French President will be on TV tonight.
4. ... President Hollande will be on TV tonight.
5. I love ... strawberries.

EXERCICE 2 :

Complétez les phrases suivantes en utilisant l'article indéfini *a* ou *an*.

1. I would like to organize ... annual meeting.
2. I usually have ... bagel for breakfast.
3. We have ... new weekly workshop starting next week.
4. It's ... honor to work with you.
5. I am afraid this is ... horrible mistake.

EXERCICE 3 :

Traduisez les phrases ou expressions suivantes en choisissant l'article qui convient : *the, a, an* ou Ø.

1. Il est avocat.
2. Le président Obama
3. Les Britanniques
4. Un nouvel assistant
5. La France

9 PRONOMS

Règle

Le pronom, comme son nom l'indique, remplace le nom. Il existe différents types de pronoms :

- pronoms personnels sujets : *I, you, he, she, it, we, you, they* ;
- pronoms personnels compléments : *me, you, him, her, it, us, you, them* ;
- pronoms possessifs : *mine, yours, his, hers, its, ours, yours, theirs* ;
- pronoms réfléchis : *myself, yourself, himself, herself, ourselves, yourselves, themselves.*

Exemple 1 :

Il est important de bien distinguer la fonction des pronoms personnels : sujet ou complément :

- ***We*** *are going to the meeting with Paul.* (Nous allons à la réunion avec Paul.)
- *Paul is going to the meeting with* ***us****.* (Paul vient à la réunion avec nous.)

Exemple 2 :

Les pronoms possessifs ne doivent pas être confondus avec les adjectifs possessifs : les pronoms se suffisent à eux-mêmes et ont une valeur de nom (le mien, la sienne...) alors que les adjectifs doivent être suivis d'un nom (*their idea, his business...*) :

- *It is* ***my*** *idea.* (C'est mon idée.)
- *No, it's* ***mine****.* (Non, c'est la mienne.)

Adjectifs	*My*	*Your*	*His/her*	*Our*	*Your*	*Their*
Pronoms	*Mine*	*Yours*	*His/hers*	*Ours*	*Yours*	*Theirs*

Exemple 3 :

Les pronoms réfléchis s'emploient lorsque le complément désigne la même personne ou chose que le sujet de la phrase. C'est systématiquement le cas des verbes dont l'action renvoie directement au sujet, comme « se retrouver » : *She found* ***herself*** *in a very difficult situation trying to explain this to the shareholders.* (Elle s'est retrouvée dans une situation très délicate à devoir expliquer cela aux actionnaires.)

■ EXERCICE 1 :

Complétez les phrases suivantes par *it's*, *it* ou *its*.

1. I'm sorry but I think ... a bit too late for that.
2. The price is increasing: ... usually ranges from 4,000 to 5,000.
3. It's a good book but what is ... purpose really?
4. You need to take care of ... as soon as possible.
5. I don't know what to do: ... up to you now.

■ EXERCICE 2 :

Complétez les phrases suivantes avec le pronom de la première personne du singulier qui convient : *mine, myself, me, I*.

1. She wanted to ask ... the same question!
2. Nothing was happening so I decided to do it ... .
3. I don't think it's Susan's, I think it's ... actually.
4. Are they blaming ... for the job?
5. I was thinking I could actually drive there ... .

■ EXERCICE 3 :

Traduisez les phrases suivantes en anglais.

1. Nous voudrions venir avec vous.
2. Ils voudraient venir avec nous.
3. Elle aurait pu faire cela elle-même.
4. Comment ça, ce n'est pas le tien ?
5. Ce n'est plus mon problème, c'est le leur.

10 ADJECTIFS

Règle

L'adjectif qualifie un nom et apporte des précisions sur celui-ci. Il peut se placer avant un nom (épithète) ou après (attribut) mais il reste invariable et ne prend pas la marque du pluriel en anglais.
Les adjectifs peuvent être précédés de *the* : ils sont alors substantivés et ont une fonction de nom : *the French* (les Français), *the poor* (les pauvres), *the unthinkable* (l'impensable)...
Lorsqu'on utilise les adjectifs ordinaux (*first, last...*) et les adjectifs cardinaux (*one, two, three*), les ordinaux sont toujours en première positions : *the last two weeks* (les deux dernières semaines).

Exemple 1 :
L'adjectif en anglais est invariable, qu'il soit épithète ou attribut :
- *The shareholders are **ready***. (Les actionnaires sont prêts.)
- *The new neighbors are **weird***. (Les nouveaux voisins sont bizarres.)

Exemple 2 :
Certains adjectifs sont immédiatement suivis d'une préposition :
- *crazy **about*** (fan de) ;
- *dependent **on*** (dépendant de) ;
- *interested **in*** (intéressé par) ;
- *known **as*** (connu sous le nom de).

Exemple 3 :
Il existe différentes façons d'obtenir un adjectif composé :
- *adjectif + **V-ing** : good-looking (séduisant) ;*
- *adjectif + nom : high speed internet (internet haut débit) ;*
- *adjectif + nom + ed : open-minded (ouvert d'esprit).*

■ EXERCICE 1 :

Utilisez l'adjectif substantivé qui convient pour traduire les mots suivants.

1. les riches
2. les chômeurs
3. les communistes
4. les blessés et les morts
5. l'inconnu

EXERCICE 2 :

Sur le principe de la partie V, choisissez la préposition A, B, C ou D qui convient.

1. We are going to be short ... paper soon.
A) of
B) by
C) with
D) on

2. I am fed up ... the new assistant. She can't stay.
A) of
B) by
C) at
D) with

3. The way we are doing things now is really different ... what we used to do in the 90's.
A) of
B) to
C) from
D) than

4. Are you familiar ... this new system?
A) of
B) with
C) by
D) at

5. It should be easy for me: it is similar ... the program I was using before.
A) to
B) with
C) from
D) of

EXERCICE 3 :

Traduisez les expressions suivantes en formant un adjectif composé.

1. un uniforme bleu-clair
2. un garçon aux yeux bleus
3. une étudiante de 27 ans
4. un employé étourdi
5. une femme bien habillée

11 ADVERBES

Règle

Un adverbe est un mot qui vient modifier le sens d'un autre mot, que ce soit un adjectif, un groupe verbal, voire un autre adverbe. De nombreux adverbes se construisent en prenant le suffixe -ly : *immediately, incredibly*.
On distingue en général les adverbes de temps (*already, ever, yet*), les adverbes de lieu (*here, there, away*), les adverbes de manière (*very, quite*), les adverbes de fréquence (*often, rarely*...).
Un adverbe n'est pas toujours à la même place dans une phrase : il se situe en général devant un verbe, mais après l'auxiliaire *be*. Il est en général placé devant un adjectif.

Exemple 1 :

Souvent, l'adverbe se construit à partir d'un adjectif ou d'un nom et prend le suffixe -ly : *unexpected* (inattendu) → ***unexpectedly*** (de manière inattendue).
Lorsque le nom se termine par -y, l'adverbe se termine alors en -ily : *easy* (facile) → ***easily*** (facilement).

Exemple 2 :

La place de l'adverbe varie selon le mot auquel il se rapporte :
- *She **rarely** misses any meeting.* L'adverbe est placé avant le verbe.
- *She is **rarely** absent.* L'adverbe est placé après l'auxiliaire *be*.
- *She has **never** missed any meeting.* L'adverbe est placé entre l'auxiliaire et le verbe.

Exemple 3 :

Quelques exceptions doivent être rappelées.
Tous les mots se terminant par -ly ne sont cependant pas des adverbes. *They are friendly. Friendly* est un adjectif.
Dans certains cas, les adverbes sont situés à la fin de la phrase :
- *She also wants to read your comments.* (Elle veut également lire tes/vos remarques.)
- *She wants to read your comments **too**.* (Elle veut également lire tes/vos remarques.)

EXERCICE 1 :

Transformez les mots suivants en adverbes.

1. careful
2. fast
3. obvious
4. successful
5. well

EXERCICE 2 :

Placez l'adverbe entre parenthèses où il convient dans les phrases suivantes.

1. (never) She is late.
2. (rather) I am confident they will be able to implement these reforms.
3. (yet) I haven't found the answer.
4. (too) It was late and maybe people were a bit surprised?
5. (surprisingly) I must say this was a good presentation.

EXERCICE 3 :

Traduisez les phrases suivantes en anglais en faisant attention à la place de l'adverbe.

1. Je travaille rarement le samedi.
2. Elle pourrait peut-être appeler le service clients ?
3. Je vous conseille fortement de prendre un avocat.
4. Je crois qu'ils savent exactement de quoi je parle.
5. C'était assez intéressant.

12 COMPARATIFS

Règle

Le comparatif de supériorité se construit de deux manières différentes selon que l'adjectif est court (une ou deux syllabes) ou long (plus de deux syllabes). Dans le premier cas, on ajoute le suffixe -er à l'adjectif, suivi de *than* : *faster than* (plus rapide que). Dans le second cas, on ajoute *more* devant l'adjectif, suivi de *than* : *more expensive than* (plus cher que).
Le comparatif d'égalité se construit de la manière suivante : *as fast as* (aussi rapide que).
Le comparatif d'infériorité se construit en plaçant *less* devant l'adjectif, suivi de *than* : *less profitable than* (moins rentable que). Pour dire la même chose, on peut aussi utiliser un comparatif de supériorité à la forme négative : *not as profitable as* (pas aussi rentable que).

Exemple 1 :

Il existe certains cas particuliers :
- pour les adjectifs qui se terminent par un -y : *wealthy* → *wealthier than* ;
- pour les adjectifs qui se terminent par une voyelle et une consonne : *big* → *bigger*.

Exemple 2 :

Dans certains cas, le comparatif est utilisé sans qu'il y ait un second élément.
La comparaison est ici implicite :
- *It's more efficient this way.* (C'est plus efficace de cette manière.)
- *It's less profitable nowadays.* (C'est moins rentable de nos jours.)

Exemple 3 :

Il existe trois adjectifs pour lesquels la forme du comparatif est irrégulière :
- *good* → *better than* ;
- *bad* → *worse than* ;
- *far* → *farther/further than*. On utilise *farther* au sens propre (distance géographique) et on utilise *further* au sens figuré (éloignement par rapport à un but par exemple).

EXERCICE 1 :

Mettez les adjectifs suivants au comparatif de supériorité.

1. slow
2. bad
3. significant
4. big
5. strong

EXERCICE 2 :

Remplacez les comparatifs d'infériorité par un comparatif d'égalité à la forme négative, ou inversement.

1. less interesting than
2. not as solid as
3. less far than
4. not as trained as
5. less skilled than

13 SUPERLATIFS

Règle

Le superlatif de supériorité se construit de deux manières différentes selon que l'adjectif est court (une ou deux syllabes) ou long (plus de deux syllabes) :
- adjectif court : *the nicest* (le plus joli) ;
- adjectif long : *the most precious* (le plus précieux).

Le superlatif d'infériorité se construit en plaçant *the least* devant l'adjectif : *the least reliable* (le moins fiable).

Exemple 1 :

Il existe certains cas particuliers :
- pour les adjectifs qui se terminent par un -y : *wealthy* → *the wealth**iest*** ;
- pour les adjectifs qui se terminent par une voyelle et une consonne : *big* → *the bi**gg**est*.

Exemple 2 :

Il existe trois adjectifs pour lesquels la forme du comparatif est irrégulière :
- *good* → *the* ***best*** ;
- *bad* → *the* ***worst*** ;
- *far* → *the* ***farthest/the furthest***. On utilise *the farthest* au sens propre (distance géographique) et on utilise *the furthest* au sens figuré (éloignement par rapport à un but par exemple).

Exemple 3 :

Le superlatif s'emploie en français dès qu'on compare deux éléments. En anglais, on l'utilise lorsqu'on compare trois éléments au moins. Si on ne compare que deux éléments, on va malgré tout utiliser un comparatif :
- *It's the better.* (C'est le meilleur... de ces deux-là.)
- *It's the best.* (C'est le meilleur... de tous.)

■ EXERCICE 1 :

Complétez le tableau suivant.

Adjectif	Superlatif d'infériorité	Superlatif de supériorité
Significant		
Accurate		
Punctual		
Rude		
Good		

■ EXERCICE 2 :

Traduisez les phrases suivantes en anglais.

1. Cela pourrait bien être la pire décision.
2. Voici la plus ancienne version que j'ai trouvée.
3. Je pense que c'est la meilleure des solutions
4. Je suis désolé mais vous êtes le moins qualifié des candidats.
5. C'est le moins que je puisse faire.

14 DÉNOMBRABLES ET INDÉNOMBRABLES

Règle

En anglais, il est important de distinguer les dénombrables et les indénombrables :
• les dénombrables (*countables*) peuvent se mettre au pluriel : *cars, employees, floors, computers...* ;
• les indénombrables (*uncountables*) sont au singulier : *time, love, passion, money...*
Le choix des quantifieurs dépend donc de la catégorie à laquelle appartient le mot :
• pour les petites quantités : *a few cars* (pluriel), *a little time* (singulier) ;
• pour les grandes quantités : *many cars* (pluriel), *much time* (singulier).
Pour exprimer une approximation, on peut utiliser :
more or less, about, approximately...

Exemple 1 :

Certains mots ne se mettent jamais au pluriel : *information, advice, luggage, furniture...*
Pour exprimer une unité, il faut ajouter *a piece of* :
• *advice* = des conseils ;
• *a piece of advice* = un conseil.

Exemple 2 :

Lorsqu'on exprime une petite quantité, il faut être attentif à la nuance suivante :
• *a few guests* (peu d'invités, remarque objective), *few guests* (très peu d'invités, connotation négative, déception) ;
• *a little hope* (un petit espoir, remarque objective), *little hope* (très peu d'espoir, connotation négative, déception).

Exemple 3 :

Il existe d'autres mots ou expressions qui permettent d'exprimer une quantité :
• la totalité : *all, the whole* ;
• une quasi-totalité : *most of, the majority of...* ;
• une quantité importante : *a lot of, several, quite a few* ;
• une quantité précise : *half of, a third of...*

EXERCICE 1 :

Traduisez les expressions suivantes en anglais en chosissant le quantifieur qui convient.

1. plusieurs employés
2. de nombreuses ventes
3. quelques CV (seulement)
4. quelques clients
5. pas mal de temps

EXERCICE 2 :

Complétez le tableau suivant en trouvant le mot dénombrable ou indénombrable équivalent.

Dénombrables	Indénombrables
1.	Luggage
2.	Advice
Journey	3.
4.	Work
View	5.

EXERCICE 3 :

Complétez les phrases suivantes avec *a few*, *few*, *a little*, ou *little* en vous appuyant sur le contexte.

1. The journalist was really pessimistic: he said there's ... hope that the hostage still be alive.
2. The interview is not over, I have ... more questions.
3. I was expecting 300 visitors but only ... people showed up.
4. I think we would need ... more space to put it in here.
5. I don't think we can buy this. We only have ... money left.

15 FORME INTERROGATIVE

Règle

La forme interrogative se construit toujours de la manière suivante :
• dans le cas d'une question fermée : auxiliaire, sujet, verbe (infinitif sans *to*), complément ;
• dans le cas d'une question ouverte : mot interrogatif, auxiliaire, sujet, verbe (infinitif sans *to*), complément.
Le *question tag* est un moyen de poser une question de type « n'est-ce pas ? », en terminant une phrase avec une question courte : si la phrase est à la forme affirmative, le *question tag* est à la forme négative, et inversement.

Exemple 1 :

Lorsqu'on demande un renseignement précis, il faut bien souvent utiliser les pronoms interrogatifs : *who* (qui), *what* (quoi, quel, quelle, quels, quelles, qu'est-ce que), *when* (quand), *which* (lequel, laquelle), *why* (pourquoi), *where* (où), *how* (comment), *how old* (quel âge), *how often* (à quelle fréquence), *how fast* (quelle vitesse), *how far* (quelle distance), *how many* (combien, suivi d'un dénombrable), *how much* (combien, suivi d'un indénombrable) :
• *When will the new store open?* (Quand est-ce que le nouveau magasin va ouvrir ?)
• *Where was she last night?* (Où était-elle la nuit dernière ?)

Exemple 2 :

Le *question tag* est régulièrement utilisé en anglais :
• *They are from the United States, **aren't they?*** (Ils viennent des États-Unis, n'est-ce pas ?)
• *You haven't sent the email yet, **have you?*** (Vous n'avez pas encore envoyé l'email, n'est-ce pas ?)

Exemple 3 :

Les pronoms interrogatifs ne sont pas uniquement utilisés dans des phrases interrogatives :
• *She is the assistant **who** called the police.* (Voici l'assistante qui a appelé la police.)
• *This is the building **where** we may rent some extra office space.* (C'est le bâtiment où nous pourrions louer de nouveaux bureaux.)

EXERCICE 1 :

Utilisez le pronom interrogatif qui convient pour compléter les questions suivantes. Vous pouvez utiliser la réponse entre parenthèses pour vous aider.

1. ... do you organize these conferences? (every other week)
2. ... do we have before the end of the meeting? (about an hour)
3. ... applicant did you like best? (the second)
4. ... is your flight tomorrow? (6 pm)
5. ... is the airport from here? (10 to 12 miles)

EXERCICE 2 :

Utilisez le *question tag* à la forme et au temps qui convient.

1. She hasn't been so well, ...?
2. We are all worried, ...?
3. You have to go now, ...?
4. But you would be willing to help them, ...?
5. She won't be here next week, ...?

EXERCICE 3 :

Traduisez.

1. Elle n'avait pas dit qu'elle était en voyage d'affaires ?
2. C'est assez risqué, tu ne crois pas ?
3. Mais pourquoi donc ne m'as-tu rien dit avant ?
4. Quel âge a votre fils à présent ?
5. Es-tu déjà allée au Japon ?

16 POSSESSION

Règle

Pour exprimer une possession, on utilise le plus souvent le génitif ou cas possessif. Il se construit en plaçant le possédant en première place, suivi de 's et du possédé : *Mark's book* (le livre de Marc).
Lorsque le possédant est un pluriel régulier (qui se termine donc par un -s), on ajoute uniquement l'apostrophe sans le s : *The clients' reviews* (les critiques des clients).

Exemple 1 :
Le cas possessif permet d'éviter de répéter ce qui est possédé dans une même phrase : *It's not my decision, it's Peter's.* (Ce n'est pas ma décision, c'est celle de Peter.)

Exemple 2 :
Le pronom interrogatif qu'il faut utiliser est *whose* : « à qui (appartient) » : ***Whose*** *coat is this?* (À qui appartient ce manteau ?)

Exemple 3 :
Pour exprimer une possession, on peut aussi utiliser les pronoms et les adjectifs possessifs : les pronoms se suffisent à eux-mêmes et ont une valeur de nom (le mien, la sienne...) alors que les adjectifs doivent être suivis d'un nom (*their idea, his business...*) :
- *It is my idea.* (C'est mon idée.)
- *No, it's mine.* (Non, c'est la mienne.)

Adjectifs	*My*	*Your*	*His/her*	*Our*	*Your*	*Their*
Pronoms	*Mine*	*Yours*	*His/hers*	*Ours*	*Yours*	*Theirs*

EXERCICE 1 :

Transformer les expressions suivantes en utilisant le cas possessif.

1. the votes of the shareholders
2. the agent of the buyer
3. the bags of the client
4. the new fiancé of the intern
5. the email address of the secretary

EXERCICE 2 :

Complétez les phrases suivantes en utilisant ' ou 's.

1. Charles ... email was very rude.
2. The banker ... explanations were not very clear.
3. The clients ... feedback is much appreciated.
4. I did not understand the journalists ... questions at the end of the interview.
5. Mark and Laureen ... websites are very popular.

17 MOTS DE LIAISON

Règle

Les mots de liaison permettent d'articuler des propositions de manière logique. Une bonne connaissance de ces « connecteurs » est indispensable pour réussir le test, notamment pour les parties V (QCM) et VI (textes à compléter). Citons notamment :

- le but : *to, so as to, so that, in order to* ;
- le contraste : *unlike, whereas, contrary to, on the contrary, while, although, though, despite* ;
- la cause : *because, because of, as, given that, since* ;
- la conséquence : *as a result, as a consequence, that's why, that's the reason why, hence, therefore, thus* ;
- l'addition : *moreover, furthermore, besides, what's more, also, not to mention that, last but not least* ;
- la condition : *provided, as long as, unless, otherwise.*

Exemple 1 :

Certains mots de liaison sont suivis d'un groupe verbal alors que d'autres sont obligatoirement suivis d'un groupe nominal :

- *It has snowed a lot,* ***that's why*** *the train was late.* (Il a beaucoup neigé, c'est pourquoi le train était en retard.)
- *It has snowed a lot,* ***hence*** *the delay.* (Il a beaucoup neigé, d'où le retard.)

Exemple 2 :

Certains de ces mots de liaison peuvent avoir différents sens :

- *while* = tandis que (contraste), pendant que (temporalité) ;
- *as* = puisque (cause), alors que (temporalité) ;
- *since* = puisque (cause), depuis (temporalité).

EXERCICE :

A word or phrase is missing in each of the following sentences. Four answer choices are given below each sentence. Select the best answer to complete the sentence. Then mark the letter (A), (B), (C), or (D) on your answer sheet.

1. ... the rainy weather, we have decided not to cancel the conference.
A) Although
B) However
C) Nevertheless
D) In spite of

2.. ... he's been sick for several days, he managed to complete the report.
A) Despite
B) Although
C) Nonetheless
D) Conversely

3. ... you obviously don't want to give her a hand, she will do without your help.
A) Since
B) Because
C) Due to
D) Given

4. We will not change our plans ... the weather changes of course.
A) despite
B) although
C) unless
D) provided that

5. The figures have not been very good, ... a change in our strategy.
A) as a consequence
B) therefore
C) hence
D) besides

18 NOMBRES ET DONNÉES CHIFFRÉES

Règle

Il est impératif de pouvoir comprendre toutes sortes d'informations chiffrées :
- des prix : $ 1,275 (*one thousand two hundred and seventy five dollars*) ;
- des températures : - 17°C (*minus seventeen degrees*) ;
- des heures : 3:55 (*three fifty five/five to four*).

Attention à ne pas confondre certains nombres :
- *thirteen* (13)/*thirty* (30) ;
- *one hundred* (100)/*one thousand* (1 000) ;
- *million* (million)/*billion* (milliard).

Exemple 1 :

Il faut bien connaître le sens des points et des virgules utilisés.

La virgule sert à distinguer les centaines : *They sold 1,700 books.* (Ils ont vendu 1 700 livres.)

Le point est utilisé à la place de notre virgule, pour séparer les décimales.
- *It is $ 45.50.* (Cela coûte 45,50 dollars.)
- 27,5% (*twenty seven point five percent*).

Exemple 2 :

Lorsqu'on utilise des adjectifs ordinaux et des adjectifs cardinaux, ce sont les adjectifs ordinaux qui sont toujours placés en première position :
- *the first two weeks* (les deux premières semaines) ;
- *the last two tests* (les deux derniers tests).

Exemple 3 :

Il convient pour finir de connaître quelques verbes pour exprimer :
- une augmentation : *to increase* (augmenter), *to boom* (exploser), *to skyrocket* (grimper en flèche)... ;
- une diminution : *to decrease* (diminuer), *to collapse* (s'effondrer), *to fall* (chuter)...

Il faut également connaître quelques adverbes qui peuvent être utilisés pour qualifier cette tendance : *slightly* (légèrement), *gradually* (par étapes), *steadily* (régulièrement).

EXERCICE 1 :

Écrivez en chiffres les nombres suivants.

1. nine hundred thousand
2. six thousand and ten
3. three million nine thousand and fifty
4. seventeen point four per cent
5. one billion

EXERCICE 2 :

Choisissez le temps qui convient.

1. The sales have boomed/boomed during the winter.
2. The prices have gone up/went up since the beginning of last year.
3. Prices have remained/remained stable since the crisis.
4. The number of clients dropped/has dropped over the years.
5. Investments collapsed/have collapsed in January.

EXERCICE 3 :

Traduisez en anglais les expressions suivantes.

1. la moitié des produits
2. des centaines de CV
3. 27,5 %
4. moins de 7 %
5. deux millions de dollars

19 PRÉSENT SIMPLE ET PRÉSENT *BE + V-ING*

Règle

Le présent simple s'utilise pour exprimer des habitudes ou des vérités générales. Il faut ajouter un -s à la troisième personne du singulier.
Le présent *be + V-ing* s'utilise pour exprimer une action en cours de réalisation. L'action est « en train » d'avoir lieu.

Exemple 1 :

Les deux présents s'emploient donc dans des contextes différents :

• *I **check** my emails very often.* (Je consulte mes emails très souvent, de manière générale et pas forcément au moment où je parle.)
• *I **am checking** my emails.* (Je suis en train de les consulter au moment où je parle.)

Exemple 2 :

Outre le contexte, le choix du temps peut être facilité par la présence de certains marqueurs de temps :

• le présent simple est ainsi régulièrement associé aux adverbes de fréquence (*never, sometimes, rarely*...) ;
• le présent *be + V-ing* est associé à des expressions telles que : *now* (maintenant), *right now* (en ce moment même), *currently* (en ce moment), *look!* (regarde !).

Exemple 3 :

Dans certains cas, ces deux temps peuvent être utilisés pour exprimer un futur :

• *Their plane **leaves** at 7 tonight.* (Leur avion part à 19 heures.)
• *Patrick **is coming** to the office tomorrow.* (Patrick vient au bureau demain.)

EXERCICE 1 :

Reformulez les phrases suivantes à la forme négative.

1. She usually finishes quite late.
2. You're talking to the wrong person.
3. They want to hire more staff.
4. They are asking for further details.
5. I know exactly what to do.

EXERCICE 2 :

Reformulez les phrases suivantes à la forme interrogative.

1. He wants me to meet the new accountant.
2. She's flying to Washington DC.
3. The strike starts at 4 today.
4. He only has two more hours.
5. I am having lunch with Sophie today.

EXERCICE 3 :

Mettez les verbes entre parenthèses au temps du présent qui convient.

1. We currently (to look) ... for new partners.
2. She always (to have) ... lunch with her dad.
3. I (to print) ... the documents as we speak.
4. Look, someone (to run) ... in the street.
5. They (to meet) ... once a month.

20 VERBES IRRÉGULIERS

Règle

Il existe certains cas particuliers : les verbes *to dream* et *to learn* sont théoriquement des verbes irréguliers mais les Américains les utilisent souvent comme des verbes réguliers.
He learnt devient ainsi *he learned*.
He dreamt devient ainsi *he dreamed*.

Infinitif	Prétérit	Participe passé	Traduction
To arise	*Arose*	*Arisen*	Survenir
To be	*Was*	*Been*	Être
To become	*Became*	*Become*	Devenir
To begin	*Began*	*Begun*	Commencer
To bet	*Bet*	*Bet*	Parier
To bite	*Bit*	*Bitten*	Mordre
To bleed	*Bled*	*Bled*	Saigner
To blow	*Blew*	*Blown*	Exploser
To break	*Broke*	*Broken*	Casser
To bring	*Brought*	*Brought*	Amener
To build	*Built*	*Built*	Construire
To buy	*Bought*	*Bought*	Acheter
To burn	*Burnt*	*Burnt*	Brûler
To burst	*Burst*	*Burst*	Éclater
To catch	*Caught*	*Caught*	Attraper
To choose	*Chose*	*Chosen*	Choisir
To come	*Came*	*Come*	Venir
To cost	*Cost*	*Cost*	Coûter
Cut	*Cut*	*Cut*	Couper
To deal	*Dealt*	*Dealt*	Distribuer
To do	*Did*	*Done*	Faire
To draw	*Drew*	*Drawn*	Dessiner
To dream	*Dreamt*	*Dreamt*	Rêver
To drink	*Drank*	*Drunk*	Boire
To drive	*Drove*	*Driven*	Conduire
To eat	*Ate*	*Eaten*	Manger
To fall	*Fell*	*Fallen*	Tomber
To feed	*Fed*	*Fed*	Nourrir
To feel	*Felt*	*Felt*	Ressentir
To fight	*Fought*	*Fought*	Se battre
To find	*Found*	*Found*	Trouver
To fly	*Flew*	*Flown*	Voler
To forbid	*Forbade*	*Forbidden*	Interdire
To forget	*Forgot*	*Forgotten*	Oublier
To forgive	*Forgave*	*Forgiven*	Pardonner
To freeze	*Froze*	*Frozen*	Geler
To get	*Got*	*Got*	Obtenir

Infinitif	Prétérit	Participe passé	Traduction
To give	*Gave*	*Given*	Donner
To go	*Went*	*Gone*	Aller
To grow	*Grew*	*Grown*	Grandir
To hang	*Hung*	*Hung*	Accrocher
To have	*Had*	*Had*	Avoir
To hear	*Heard*	*Heard*	Entendre
To hit	*Hit*	*Hit*	Frapper
To hold	*Held*	*Held*	Tenir
To keep	*Kept*	*Kept*	Conserver
To know	*Knew*	*Known*	Savoir
To lay	*Laid*	*Laid*	Poser
To learn	*Learnt*	*Learnt*	Apprendre
To leave	*Left*	*Left*	Quitter
To lend	*Lent*	*Lent*	Prêter
To let	*Let*	*Let*	Laisser
To lose	*Lost*	*Lost*	Perdre
To make	*Made*	*Made*	Faire
To mean	*Meant*	*Meant*	Signifier
To meet	*Met*	*Met*	Rencontrer
To pay	*Paid*	*Paid*	Payer
To put	*Put*	*Put*	Mettre
To read	*Read*	*Read*	Lire
To ride	*Rode*	*Ridden*	Chevaucher
To ring	*Rang*	*Rung*	Sonner
To say	*Said*	*Said*	Dire
To see	*Saw*	*Seen*	Voir
To sell	*Sold*	*Sold*	Vendre
To send	*Sent*	*Sent*	Envoyer
To shake	*Shook*	*Shaken*	Secouer
To shoot	*Shot*	*Shot*	Tirer
To show	*Showed*	*Shown*	Montrer
To sit	*Sat*	*Sat*	S'asseoir
To sleep	*Slept*	*Slept*	Dormir
To smell	*Smelt*	*Smelt*	Sentir
To speak	*Spoke*	*Spoken*	Parler
To spend	*Spent*	*Spent*	Dépenser
To spit	*Spat*	*Spat*	Cracher
To spread	*Spread*	*Spread*	Répandre
To stand	*Stood*	*Stood*	Se tenir debout
To steal	*Stole*	*Stolen*	Voler
To swim	*Swam*	*Swum*	Nager
To tell	*Told*	*Told*	Dire
To teach	*Taught*	*Taught*	Enseigner
To take	*Took*	*Taken*	Prendre
To think	*Thought*	*Thought*	Penser
To throw	*Threw*	*Thrown*	Lancer
To understand	*Understood*	*Understood*	Comprendre
To wake	*Woke*	*Woken*	Réveiller
To win	*Won*	*Won*	Gagner
To write	*Wrote*	*Written*	Écrire

21 *SIMPLE PAST* ET *PRESENT PERFECT*

Règle

Le *simple past* ou prétérit s'emploie pour décrire une action passée, datée et terminée. Il se construit en ajoutant la terminaison -ed au verbe conjugué. Il existe des verbes irréguliers qui ont une forme spécifique au *simple past*.
Le *present perfect* s'emploie pour une action qui a débuté dans le passé et qui n'est pas terminée ou qui a encore des conséquences sur le présent. Il se contruit en utilisant l'auxiliaire *have* au présent, suivi du participe passé du verbe conjugué.

Exemple 1 :

Le *simple past* désigne donc une action terminée :
- *He* ***completed*** *the survey.* (Il a terminé l'enquête.)
- *He* ***didn't send*** *the booking confirmation.* (Il n'a pas envoyé la confirmation de réservation.)

Puisque l'action est datée, ce temps s'emploie souvent avec des marqueurs de temps spécifiques : *three weeks ago* (il y a trois semaines), *last week* (la semaine dernière), *before that* (avant cela), *when* (lorsque), *in 2007* (en 2007)...
Pour insister sur l'habitude dans le passé, on utilise *used to* + V : *I* ***used to*** *see them very often.* (Je les voyais très souvent à une époque.)

Exemple 2 :

Le *past continuous* est un temps dérivé du *simple past* : il se construit avec l'auxiliaire être au *simple past* suivi du *V-ing*. Il permet d'exprimer des événements qui ont duré dans le passé et de décrire des actions qui « étaient en train » d'avoir lieu :
- *I* ***was writing*** *an email when you called me.* (J'étais en train d'écrire un e-mail quand tu m'as appelé.)
- *You called me while I* ***was writing*** *an email.* (Tu m'as appelé pendant que j'étais en train de rédiger un e-mail.)

Exemple 3 :

Le *present perfect* instaure un lien entre le passé et le présent : en français, il peut d'ailleurs souvent être traduit par un présent. Le *present perfect* s'utilise aussi avec des marqueurs de temps spécifiques : *yet* (encore), *already* (déja), *never* (jamais), *for* (depuis, suivi d'une durée), *since* (depuis, suivi d'une date ou d'un moment précis) :

- *I have worked for them* ***for*** *7 years.* (Je travaille pour eux depuis 7 ans.)
- *I have not visited their new factory* ***yet****.* (Je n'ai pas encore visité leur nouvelle usine.)

■ EXERCICE 1 :

Complétez le tableau suivant des verbes irréguliers.

En français	Infinitif	*Simple past*	Participe passé
Partir			
	To let		
			Overcome
		Spent	
Tomber			

■ EXERCICE 2 :

Complétez les phrases suivantes avec le marqueur de temps qui convient.

1. I was hired 7 years ...
2. She has worked with us ... 1997.
3. Mark sent me the email ... I was presenting my project.
4. Have you ... been to their main offices?
5. I have not met them ...

■ EXERCICE 3 :

Mettez les verbes entre parenthèses au temps passé qui convient.

1. She (to call) ... me 5 minutes ago.
2. The house (to be) ... on the market since March.
3. I think Gary (to attend) ... a conference when you came earlier this morning.
4. I (to talk) ... about you with Janice! How are you?
5. We (to hear, not) ... from them for years.

22 PAST PERFECT

Règle

Le *past perfect* est l'équivalent de notre plus-que-parfait : il s'utilise pour décrire une action passée (B) antérieure à une autre action passée (A). L'action A est la plus récente et l'action B a eu lieu avant. Le *past perfect* se construit avec l'auxiliaire avoir au *simple past* suivi du participe passé : *You know, the applicant we saw this morning (A), I knew I had seen him before (B).* (Tu sais, le candidat que nous avons vu ce matin, je savais que je l'avais déjà vu.)

Exemple 1 :

Il faut donc bien distinguer le *present perfect* et le *past perfect* : le premier a un lien direct avec le présent alors que le second a un lien direct avec une action passée :

- *I* ***have*** *never* ***been*** *there.* (Je n'y suis jamais allé, sous-entendu : jusqu'à maintenant.)
- *I* ***had*** *never* ***been*** *there.* (Je n'y étais jamais allé, sous-entendu : jusqu'à un moment du passé où j'y suis effectivement allé.)

Exemple 2 :

Le *past perfect* peut aussi se conjuguer à la forme progressive (*V-ing*). Il permet alors d'insister sur le fait que l'action antérieure B n'était pas terminée lorsque l'action A plus récente est intervenue : *We* ***had been waiting*** *for hours when they* ***showed up*** *eventually.* (Nous les attendions depuis des heures lorsqu'ils sont finalement arrivés.)

Exemple 3 :

On utilise le *past perfect* avec le conditionnel pour exprimer l'irréel dans le passé : ***If I had not been*** *away, I* ***would*** *have come.* (Si je n'avais pas été en déplacement, je serais venu.)

EXERCICE 1 :

Conjuguez les verbes entre parenthèses au *past perfect*.

1. I lost the document she (to give, just) ... me.
2. Once again, he cancelled the meeting he (to schedule) ... months ago.
3. I should know, this is something I (to learn) ... when I was a kid.
4. If I (to come) ... to this event, I think I would have told her the truth then.
5. She (to be, never) ... to San Francisco before that.

EXERCICE 2 :

Traduisez les phrases suivantes en anglais en utilisant le *present perfect* ou le *past perfect*.

1. Je n'avais pas pensé à cela avant.
2. Je ne crois pas que nous nous soyons déja rencontrés.
3. Il n'avait même pas encore regardé mon CV.
4. Tu n'étais pas déjà allée là auparavant ?
5. Ils étaient arrivés à la soirée avant moi.

23 FUTUR

Règle

Dans la plupart des cas, le futur se construit avec le modal *will*, suivi de la base verbale : *We will all be there/We'll all be there.* (Nous serons tous présents.)
À la forme négative, on utilise *will not* : *I will not vote for this/I won't vote for this.* (Je ne voterai pas pour cela.)

Exemple 1 :

On peut utiliser le futur avec certains marqueurs de temps tels que *tomorrow* (demain), *next month* (le mois prochain), *later* (plus tard) : *I will be in Toronto* ***tomorrow*** *and* ***next month****, I will be in Russia.* (Je serai à Toronto demain et je serai en Russie dans un mois.)

Exemple 2 :

Lorsque deux verbes sont au futur en français, seul le verbe de la proposition principale est au futur en anglais : la proposition de temps reste au présent : *I* ***will send*** *you a text message when I* ***have*** *time.* (Je t'enverrai un texto lorsque j'aurai le temps.)

Exemple 3 :

Il existe d'autres façons d'exprimer le futur en anglais :
- *I* ***am going to*** *cancel the meeting.* (Je vais annuler la réunion = futur d'intention.)
- *I* ***am about*** *to cancel the meeting.* (Je suis sur le point d'annuler la réunion = futur proche.)
- ***Are you coming*** *to the meeting tomorrow?* (Est-ce que tu viens à la réunion demain ? = présent à valeur de futur.)

■ EXERCICE 1 :

Complétez le tableau en conjuguant les verbes suivants à la deuxième personne du singulier aux trois formes demandées.

	Futur proche	Futur d'intention	Futur
To set up	You...	You...	You...
To meet	You...	You...	You...
To negotiate	You...	You...	You...
To sell	You...	You...	You...
To speak	You...	You...	You...

■ EXERCICE 2 :

Traduisez les phrases suivantes en anglais.

1. Il est sur le point de dire quelque chose.
2. Le train part dans 5 minutes.
3. Elle aura 20 minutes de retard.
4. Je vais l'appeler.
5. Je lui dirai quand je le verrai.

24 CONDITIONNEL

Règle

Le conditionnel permet d'exprimer des actions non réalisées. Il se construit à partir de différents auxiliaires :
- *could, could not* (*couldn't*) pour exprimer une probabilité ;
- *would, would not* (*wouldn't*) pour exprimer une intention ;
- *should, should not* (*shouldn't*) pour exprimer une suggestion ou un conseil.

Ces auxiliaires sont invariables et ne prennent jamais de -s.

Exemple 1 :

On emploie le plus souvent le conditionnel avec *if* pour exprimer quelque chose d'imaginaire : *If I could talk to her now, I would ask her to confirm this.* (Si je pouvais lui parler maintenant, je lui demanderais de me confirmer cela.)
Lorsqu'on emploie le verbe *be*, le verbe se conjugue avec *were* à toutes les personnes : *If I* ***were*** *you, I would not hesitate.* (Si j'étais vous, je n'hésiterais pas.)

Exemple 2 :

Could s'emploie également à la forme interrogative comme une marque de politesse : ***Could*** *you let me know when he calls back?* (Pourriez-vous me contacter lorsqu'il téléphonera à nouveau ?)

Exemple 3 :

Le conditionnel passé se conjugue en utilisant l'auxiliaire approprié, suivi de *have* et du participe passé :
- *I* ***would have come*** *to the airport to pick you up otherwise.* (Je serais venu te chercher à l'aéroport sinon.)
- *I* ***should have known***. (J'aurais dû le savoir.)

EXERCICE 1 :

Complétez les phrases suivantes avec *could, would* ou *should* en fonction du sens.

1. I wish I ... come with you, but I have too much work.
2. ... you like to meet them in person?
3. You ... go if you really want to.
4. Maybe you ... see your business partner first?
5. I think I ... hire one more staff because we have too much to do here.

EXERCICE 2 :

Traduisez les phrases suivantes en français.

1. Je serais bien venu, mais j'étais trop occupé.
2. Tu ne devrais pas abandonner maintenant.
3. Je voudrais te demander quelque chose.
4. Elle aurait dû venir. Quelle est son excuse cette fois ?
5. Tu aurais pu me le dire !

25 SUBJONCTIF

Règle

Le subjonctif s'emploie seulement dans des cas très précis, par exemple lorsqu'une phrase est introduite par *it's important that...* Le subjonctif se construit invariablement avec la base verbale. Il ne prend jamais de -s à la troisième personne du singulier : *It's important that he come to the meeting.* (Il est important qu'il assiste à la réunion.)

Exemple 1 :

Le subjonctif est très souvent introduit par des expressions telles que : *it is important/ necessary/vital/imperative that...* : ***It is important** that we all work together on this project.* (Il est important que nous travaillions tous sur ce projet.)

On le retrouve également après des verbes qui expriment la suggestion ou le conseil : *to suggest* (suggérer), *to require* (nécessiter), *to urge* (demander avec insistance), *to insist* (insister)... *She **insisted** that I go too.* (Elle a insisté pour que je vienne également.)

Exemple 2 :

L'emploi du subjonctif implique donc :

• d'utiliser des infinitifs en pleine phrase : *It's important that you **be** here tomorrow.* (Il est important que tu sois là demain.) ;

• de ne pas mettre de -s à la troisième personne du singulier : *It's important that **she call** them again when she has a minute.* (Il est important qu'elle les rappelle quand elle aura une minute.)

Exemple 3 :

On emploie le subjonctif dans des expressions ou exclamations telles que : *God save the Queen!* (Que Dieu protège la reine !)

On l'emploie aussi dans des structures figées sans verbe en français : *far be it from me…* (loin de moi l'idée que…).

EXERCICE 1 :

Traduisez les phrases suivantes en anglais.

1. Il faut que Marie lui envoie les documents aujourd'hui.
2. Ils demandent à ce qu'il finisse le rapport d'ici la fin de la semaine.
3. Il est essentiel que tu sois présente.
4. Il est important qu'elle pense à prendre ce dossier avec elle.
5. Je suggère que Franck lise les nouvelles instructions.

EXERCICE 2 :

Cherchez la traduction des expressions suivantes.

1. Que Dieu bénisse les États-Unis d'Amérique.
2. Quoi qu'il advienne…
3. Quoi qu'il en soit…
4. Si besoin est.
5. Qu'il en soit ainsi.

26 PHRASAL VERBS

Règle

Les *phrasal verbs* sont des verbes qui s'utilisent avec un adverbe ou une préposition. Leur usage est fréquent dans la vie de tous les jours et dans la presse. Un même verbe peut changer de sens selon l'adverbe ou la préposition qui le suit. En voici quelques exemples :

- *to back down* = arrêter, cesser ;
- *to back up* = soutenir, renforcer ;
- *to break down* = tomber en panne ;
- *to break in* = entrer par effraction ;
- *to break up* = mettre un terme (à une relation) ;
- *to carry on* = continuer ;
- *to carry out* = effectuer ;
- *to check in* = arriver ;
- *to check into* = vérifier ;
- *to check out* = partir ;
- *to get ahead* = réussir ;
- *to get away* = s'enfuir, s'échapper ;
- *to get down to* = parler sérieusement ;
- *to get up* = se lever ;
- *to hand on* = attendre ;
- *to hang out* = sortir ;
- *to hand up* = raccrocher le téléphone ;
- *to hold back* = endiguer ;
- *to hold on* = attendre, patienter ;
- *to hold on to* = se tenir à quelque chose ;
- *to hold up* = braquer ;
- *to let down* = abandonner ;
- *to let in* = laisser entrer ;
- *to run away* = s'enfuir ;
- *to run for* = être candidat, se présenter à une élection ;
- *to run into* = rencontrer ;
- *to run off* = partir avec précipitation ;
- *to take away* = emporter ;
- *to take over* = prendre le contrôle ;
- *to take off* = décoller.

■ EXERCICE 1 :

Complétez les phrases suivantes avec la préposition qui convient à la suite du verbe *to look*.

1. Oh My God! Look ... the view, it's beautiful.
2. Hi, I'm looking ... Mr Rich. Can you tell me where his office is?
3. I am looking ... hearing from you my dear.
4. I will be at the meeting. I asked my mother to look ... the kids.
5. They are looking ... buy a new house I think.

■ EXERCICE 2 :

Complétez les phrases suivantes avec la préposition qui convient à la suite du verbe *to come*.

1. Welcome, please come ...! Would you like a coffee?
2. He's French but he comes ... Belgium I think.
3. We were expecting 5 showings and we learnt it would come ... 3 only.
4. Oh, come ..., I'm sure you knew this!
5. I don't know how he did it but he came ... with a solution at the very last minute.

■ EXERCICE 3 :

Complétez les phrases suivantes avec la préposition qui convient.

1. The salary was not that great so I decided to turn off/down the offer.
2. I am really sorry but I'm going to have to call off/back the meeting.
3. I am going to ask you to fill in/up this form for me please.
4. It's a very nice investment and believe me, it pays back/off.
5. I guess the letters stand by/for the initials of his father's name right?

27 VOIX PASSIVE

Règle

À la voix active, le sujet réalise l'action. Une phrase à la voix active se construit de la manière suivante : sujet + verbe + complément : *Many people use English as an international language.*
À la voix passive, il la reçoit ou la subit. Une phrase à la voix passive se construit en plaçant le complément en sujet, suivi de l'auxiliaire *be* conjugué au temps du verbe de la voix active, suivi d'un complément d'agent introduit par *by* : *English is used as an international language by many people.*

Exemple 1 :

Le recours à la voix passive peut se faire sans l'utilisation du complément d'agent : *English is used as an international language.*

Exemple 2 :

Il faut être attentif aux temps de conjugaison : le temps du verbe dans la voix active doit être le même que le temps de l'auxiliaire *be* dans la voix passive, suivi du participe passé :

- *He gives me → I am given.*
- *He is giving me → I am being given.*
- *He gave me → I was given.*
- *He has given me → I have been given.*
- *He had given me → I had been given.*
- *He will give me → I will be given.*
- *He would give me → I would be given.*

EXERCICE 1 :

Transformez les phrases suivantes à la voix passive et voyez s'il est nécessaire ou non d'utiliser le complément d'agent.

1. The CEO sent a new memo.
2. John is collecting the answers right now.
3. They will take a decision tomorrow.
4. He fixed the computer yesterday.
5. I had to postpone the decision.

EXERCICE 2 :

Transformez les phrases suivantes à la voix active.

1. One of the sentences could not be read.
2. The form was filled by the client yesterday.
3. She will be hired soon by the company.
4. It will not be taken care of by Susan.
5. The thieves are being arrested as we speak.

28 CAN, COULD

Règle

Can est un auxiliaire modal qui a deux sens possibles. Il signifie « pouvoir » soit dans le sens d'une capacité soit dans le sens d'une autorisation. Dans le premier cas, il peut être remplacé par *be able to* (être capable de), dans le second cas, il peut être remplacé par *be allowed to* (être autorisé à).
Could peut être utilisé dans trois contextes différents :
• pour exprimer une capacité ou une autorisation au passé (ou au contraire, une incapacité ou une interdiction) ;
• pour exprimer une probabilité ;
• ou comme formule de politesse.

Exemple 1 :

Can et *could* sont immédiatement suivis du verbe, sans *to* :
• *Marc **can** write a new chapter.* (Marc peut écrire un nouveau chapitre.)
• *She **could** change the title maybe.* (Peut-être pourrait-elle changer le titre.)

Exemple 2 :

Can ne peut pas être utilisé au futur : *I will be able to give you more details soon.* (Je pourrai bientôt te donner davantage de détails.)

Exemple 3 :

Could a trois sens possibles :
• l'expression d'une capacité ou d'une autorisation au passé : *I could not get in.* (Je n'ai pas été autorisé à entrer.) ;
• l'expression d'une probabilité : *We may have to change the cover of the new issue.* (Nous allons probablement devoir refaire la couverture.) ;
• c'est une formule de politesse : *Could you tell me where he is?* (Pourriez-vous me dire où il se trouve ?).

EXERCICE 1 :

Complétez les phrases suivantes avec *can*, *be able to*, *be allowed to* en fonction du temps et du sens.

1. Tomorrow, I ... to talk to her about the problem with this client, so don't worry.
2. ... you be careful?
3. I don't think I will ... to participate. I have only been in the company for a few weeks.
4. When I was a kid, I ... to stay on the roof for hours. My parents never knew anything about it.
5. How ... I help you?

EXERCICE 2 :

Pour chacune des phrases suivantes, indiquez le sens de *could* ou de *couldn't*.

1. I could not see anything from where I was standing.
A) capacité/incapacité ou autorisation/interdiction au passé
B) probabilité
C) formule de politesse

2. I wish I could join you, but I'm afraid I will stay at the office.
A) capacité/incapacité ou autorisation/interdiction au passé
B) probabilité
C) formule de politesse

3. Take your umbrella, it could rain there.
A) capacité/incapacité ou autorisation/interdiction au passé
B) probabilité
C) formule de politesse

4. Could it be Janice?
A) capacité/incapacité ou autorisation/interdiction au passé
B) probabilité
C) formule de politesse

5. I could not get in, I did not have my pass.
A) capacité/incapacité ou autorisation/interdiction au passé
B) probabilité
C) formule de politesse

29 MUST, SHOULD

Règle

Must est un modal qui permet d'exprimer l'obligation. Il peut être remplacé par *have to*, pour indiquer une obligation moins formelle et plus personnelle. *Mustn't* exprime à l'inverse une interdiction stricte.
Should et *shouldn't* expriment un conseil : ils indiquent ce que l'on devrait ou ce que l'on ne devrait pas faire.

Exemple 1 :

Must et *mustn't* expriment une obligation ou une interdiction très claire :

- *The report **must** be completed by the end of the week.* (Le rapport doit être terminé d'ici la fin de la semaine.)
- *You **mustn't** be late.* (Vous ne devez pas être en retard.)

Have to exprime une obligation moins formelle et *don't have to* exprime simplement une absence d'obligation et non une interdiction :

- *I **have to** talk to them.* (Il faut que je leur parle.)
- *You **don't have to** attend the meeting.* (Tu n'es pas obligée d'assister à la réunion.)

Exemple 2 :

Must peut également exprimer une très forte probabilité au présent et au passé :

- *It **must** be over by now.* (Cela doit être fini à présent.)
- *It **must** have been horrible.* (Cela a dû être horrible.)

Exemple 3 :

Ces deux modaux peuvent être utilisés pour exprimer une action au passé :

- *It **must** have been a very difficult time for the company.* (Cela a dû être un moment très difficile pour l'entreprise.)
- *I **should** have been more careful.* (J'aurais dû être plus attentif.)

EXERCICE 1 :

Reformulez les phrases suivantes en commençant avec l'amorce : *I don't think...*

1. It shouldn't be a problem. => I don't think...
2. You don't need to wait much longer. => I don't think...
3. You don't have to send her another email. => I don't think...
4. It should not be too long. => I don't think...
5. You don't have to take care of this. => I don't think...

EXERCICE 2 :

Traduisez les phrases suivantes en anglais.

1. Cela a dû être très douloureux.
2. Cela n'aurait pas dû prendre autant de temps.
3. Cela aurait pu être bien plus cher.
4. Tu n'aurais pas dû faire cela.
5. Tu as dû être soulagée.

30 PROBABILITÉ

Règle

Il existe plusieurs modaux permettant d'exprimer une probabilité. Ils peuvent être classés selon le degré de probabilité qu'ils expriment :
- *must* (quasi-certitude) ;
- *can/could* (éventualité) ;
- *may* (probabilité moyenne) ;
- *might* (faible probabilité).

Exemple 1 :

Les modaux sont toujours invariables :
- *I must call her now.* (Je dois l'appeler tout de suite.)
- *She **must** call her now.* (Elle doit l'appeler tout de suite.)

Exemple 2 :

Must, *may* et *might* peuvent exprimer une probabilité dans le passé. Ils sont alors suivis de *have* et du participe passé :
- *It must have been a terrible moment.* (Cela a dû être un moment très difficile.)
- *It may have changed a great deal.* (Les choses ont dû bien changer.)

Exemple 3 :

Il existe d'autres mots qui permettent d'exprimer une probabilité :
- des adjectifs tels que *likely* (probable), *unlikely* (peu probable) ;
- des adverbes tels que *probably* (probablement), *certainly* (certainement), *perhaps* (peut-être), *maybe* (peut-être).

Attention à ne pas utiliser *eventually* qui signifie « finalement ».

■ EXERCICE 1 :

Complétez les phrases suivantes en utilisant le modal qui convient.

1. It's impossible. There ... be a mistake.
2. Susan is still in the train. I think she ... miss the beginning of the presentation.
3. You should read this! There ... be something we did not take into consideration.
4. I can't believe this. You ... be kidding me.
5. I am not sure but I'd say prices ... still increase a bit more.

■ EXERCICE 2 :

Traduisez les phrases suivantes en anglais.

1. Il doit y avoir de nombreux invités.
2. La réunion pourrait bien être un peu tendue.
3. Il se peut qu'il passe dans l'après-midi.
4. Son avion a dû être retardé.
5. Il a dû y avoir énormément de bruit.

PARTIE 3

Vocabulaire

31

AU BUREAU

Règle

Vocabulaire à connaître

Au bureau	*At work/at the office*
Accueil	*Information desk/reception*
Agrafeuse	*Stapler*
Ascenseur	*Lift (GB)/elevator (USA)*
Armoire	*Closet*
Bureau	*Desk (furniture)/office (place)*
Chemisier	*Blouse*
Classeur	*Binder*
Code vestimentaire détendu/professionnel	*Casual/formal clothing*
Corbeille à papier	*Basket*
Costume	*Suit*
Courrier	*Mail*
Cravate	*Tie*
Chaise	*Chair*
Dossier	*File*
Encre	*Ink*
Entrée principale	*Main entrance*
Escaliers	*Stairs*
Étagère(s)	*Shelf/shelves*
Imprimante	*Printer*
Issue de secours	*Emergency exit*
Lampe de bureau	*Desk lamp*
Livraison	*Delivery*
Matériel de bureau	*Stationery*
Ordinateur/ordinateur portable	*Computer/laptop*
Photocopie	*Photocopy*
Réunion improvisée, informelle	*Get together*
Rez-de-chaussée	*Groundfloor (GB)/first floor (USA)*
Salle d'attente	*Waiting room*
Salle de réunion	*Meeting room*
Téléphone/téléphone portable	*Teleplone/cell phone*
Tiroir	*Drawer*

EXERCICE 1 :

Complétez les phrases suivantes avec le vocabulaire du cours.

1. In case of a fire, please walk to the ... nearest to you.
2. You must keep these two documents together. Actually, do you have a ...?
3. The language school is on the 11th floor. The ... is right behind you.
4. I'm sorry but I would like you to turn off your ... during this conference.
5. The ... hours are: 10 am to 12 am, and 1 pm to 7 pm.

EXERCICE 2 :

Parmi la liste de vêtements ci-dessous, quels sont ceux qui n'ont pas de rapport avec un lieu de travail où le code vestimentaire serait strict ? Cochez les cases qui conviennent.

1. tank top ❏
2. casual clothes ❏
3. V neck pullover ❏
4. flip flop ❏
5. belt ❏
6. loafers ❏
7. ripped clothes ❏
8. blouse ❏
9. sneakers ❏
10. slippers ❏

EXERCICE 3 :

Cherchez la traduction des mots suivants, liés aux emails.

1. envoyer (un email, un courrier)
2. expédier
3. faire suivre
4. joindre (un document)
5. recevoir

32 ARGENT, SALAIRE, PRIX

Règle

Vocabulaire à connaître

Abordable	*Affordable*
Acheter	*To buy/to purchase*
Augmentation de salaire	*Pay rise*
Augmenter	*To increase*
Blanchiment d'argent	*Money laundering*
Bon marché	*Cheap*
Bulletin de salaire	*Pay slip*
Chéquier	*Check book*
Cher	*Expensive*
Dépenses	*Expenses*
Dépenser de l'argent	*To spend money*
Diminuer	*To decrease*
Carte bancaire	*Credit card*
Dettes	*Debts*
Devoir de l'argent	*To owe money*
Donner/faire un don	*To donate*
Écart de salaire	*Salary gap*
Économiser	*To save money*
Endetté	*In debt*
Gagner de l'argent	*To earn money*
Heures supplémentaires	*Overtime/extra hours*
Monnaie (devises...)	*Currency*
Monnaie (pièces...)	*Change*
Pauvre	*Poor*
Prime	*Bonus*
Prix	*Price*
Réduction	*Discount/rebate*
Régler en espèces	*To pay cash*
Rembourser	*To pay back*
Retirer de l'argent	*To withdraw*
Revenus	*Income*
Riche	*Rich/wealthy/well-off*
Richesse	*Wealth*
S'offrir	*To afford*
Salaire (horaire, hebdomadaire)	*Wage*

Salaire (mensuel)	*Salary*
Salaire minimum	*Minimum wage*
Salaire brut	*Gross salary*
Salaire net	*Net salary*
Soldes	*Sales*

■ EXERCICE 1 :

Complétez les phrases suivantes avec le vocabulaire du cours.

1. I ... my sister a lot of money and I am going to pay her back very soon.
2. The accountant was furious because her travel ... are still very high.
3. I'm sorry I can't ... it now: I have spent way too much money this month.
4. There is an additional 10% off during the summer ...
5. He does not like the euro: he blames the single .... for everything.

■ EXERCICE 2 :

Traduisez les phrases suivantes en anglais.

1. Elle gagne deux fois plus que moi.
2. Je fais plus d'heures pour gagner davantage d'argent.
3. Il a dépensé 2 000 dollars en une journée.
4. Je n'ai pas les moyens de l'acheter pour le moment.
5. J'économise de l'argent pour pouvoir m'acheter une voiture.

■ EXERCICE 3 :

Cherchez la traduction des expressions idiomatiques suivantes.

1. l'argent ne fait pas le bonheur
2. la vache à lait
3. ça vaut les yeux de la tête
4. se serrer la ceinture
5. réduire les dépenses

33 BANQUES, BOURSE ET ASSURANCES

Règle

Vocabulaire à connaître

Actions	*Shares*
Apport personnel	*Down payment*
Assurance	*Insurance*
Assurer	*To insure/to cover*
Assureur	*Insurer*
Autorisation de découvert	*Overdraft facility*
Banque	*Bank*
Banque en ligne	*Online bank*
Banquier	*Banker*
Billets	*Bills/notes*
Bourse	*Stock exchange*
Compte bancaire	*Bank account*
Découvert	*Overdraft*
Employé de banque	*Bank clerk*
Emprunt	*Loan*
Emprunter	*To borrow*
Facilités de paiement	*Credit facilities*
Financer	*To fund/to finance*
Marché boursier	*Stock market*
Plan épargne	*Savings plan*
Pièces de monnaie	*Coins*
Police d'assurance	*Insurance policy*
Prêt immobilier	*Mortgage*
Prêter	*To lend*
Relevé bancaire	*Bank statement*
Remboursement	*Payback*
Renégocier	*Renegotiate*
Solde	*Balance*
Taux	*Rate*
Taux de change	*Exchange rate*
Taux d'intérêt	*Interest rate*
Virement bancaire	*Bank transfer*

EXERCICE 1 :

Lisez les définitions suivantes et trouvez le mot du cours qui correspond.

1. The difference between credits and debits in an account.
2. A deficit in a bank account caused by withdrawing more money than is paid in.
3. Record of transactions in a bank account.
4. To take money out of a bank account.
5. Money lent by a bank that must be repaid with interest.

EXERCICE 2 :

Traduisez les phrases suivantes en anglais.

1. J'ai décidé de passer à une banque en ligne car cela coûte moins cher.
2. Grâce aux revenus du foyer, nous avons des facilités de crédit.
3. Je vais devoir ouvrir un compte professionnel.
4. Vous recevrez un relevé bancaire hebdomadaire, comme vous l'avez demandé.
5. J'aimerais renégocier mon prêt immobilier.

34 CLIENTS, MARKETING ET PUBLICITÉ

Règle

Vocabulaire à connaître

Accrocheur	*Eye-catching*
Attentes du client	*Customer's expectations*
Affiche	*Poster*
Agence de publicité	*Advertising agency*
Avis des clients	*Customers' reviews*
Bon de réduction	*Coupon*
Carte de fidélité	*Rewards/loyalty card*
Campagne publicitaire	*Campaign*
Chercher à	*To aim to + V/to aim at + V-ing*
Cible	*Target*
Client fidèle/régulier	*Loyal/regular client*
Consommateur	*Consumer*
Dépasser les attentes du client	*To exceed the client's expectations*
Faire de la publicité	*To advertise*
Faire la promotion de	*To promote*
Fidélisation	*Customer care*
Grand panneau publicitaire	*Billboard*
Inciter	*To entice into (+ V-ing)*
Panneau	*Sign*
Pause publicitaire	*Commercial break*
(Les) petites annonces	*Classified ads*
Programme de fidélité	*Loyalty program/plan/scheme*
Publicité (générique/spot)	*Advertising/advertisement*
Sans publicité	*Commercial free*
Se précipiter	*To rush*
Service après-vente	*After-sales department*
Service client	*Customer service*
Service client médiocre	*Poor customer service*
Spot publicitaire	*Commercial*

■ EXERCICE :

Select the best answer for each question and mark the letter A, B, C, or D.

Nutri Lab: an unparalleled service

Nutri Lab is built around the vision of providing quality products and the highest level of customer satisfaction in the industry.
To us, getting your order done correctly is the requirement. Getting it done quickly and supporting you with superior customer service is how we measure our true success. Typically, our products ship within a maximum of 2 weeks.
One specific thing for which we will not sacrifice product quality is meeting a deadline. As you can imagine, the element of unexpectedness does sometimes occur in our processes. We pride ourselves on being completely forthright with our customers and practice proactive customer service if we foresee any problems with an order.
We also pride ourselves on providing personal and expert customer service, the kind of service you'd expect from a quality company. You should expect to speak with a specialist who understands the technical aspects of your questions, not just an administrative customer service representative.

1. This document is meant to be read by:
A) producers
B) customer service
C) clients
D) specialists

2. The word "unexpectedness" means that things are:
A) regrettable
B) stressful
C) sudden
D) fatal

3. Who is the "specialist" they are talking about?
A) the person they may talk to in a near future
B) the person they used to talk to in the past
C) the person they should talk to whenever they contact the company
D) the person they will never be able to talk to in this company

35 COMPTABILITÉ

Règle

Vocabulaire à connaître

Année fiscale	*Fiscale year*
Bénéfices	*Profits*
Bilan	*Balance sheet*
Chiffre d'affaires	*Turnover*
Comptable	*Accountant*
Comptabilité	*Accoutancy/book keeping*
Déclaration d'impôts	*Tax return*
Déductible des impôts	*Tax deductible*
Équilibrer un budget	*To balance a budget*
Expert-comptable	*Certified public accountant (CPA)*
Facture	*Bill/invoice*
Facturer	*To bill/to invoice*
Frais	*Expenses*
Frais de déplacement	*Travel expenses*
Frais personnels	*Personal expenses*
Fraude fiscale	*Tax evasion*
Impôts	*Taxes*
Impôt foncier	*Property tax*
Pertes	*Loss*
Recettes	*Revenue*
Rentabilié	*Profitability*
Trésorerie	*Cash-flow*
Vérifier un compte	*To audit an account*

■ EXERCICE 1 :

Complétez les phrases suivantes avec un mot dont la racine est *account* (verbe, nom...).

1. The sales of this product ... 30% of our turnover.
2. This is a very specific situation. You need advice from a ...
3. He studied ... for three years and then moved to the United States.
4. They developed new workplace procedures to track worker performance and ... to one's work.
5. The figures seem crazy. I need to double check all of the ...

EXERCICE 2 :

Complétez les phrases suivantes en utilisant le vocabulaire du cours.

1. Certain investments may be risky but if they work out, they will have a high ...
2. Not only did he under-report £ 400,000 in receipts for his successful restaurant in Brighton, but he is also suspect of ... and his foreign accounts are now under scrutiny.
3. I need to find one more ... and I will have all the documents I need to complete the balance sheet.
4. A local festival has been cancelled after making a "substantial" ..., the organiser has just confirmed.
5. Penalty fees of 5% will be assessed to individuals who would not pay their income ... on due date.

EXERCICE 3 :

Lisez le texte suivant et cherchez les synonymes des mots indiqués ci-dessous.

An accountant performs financial functions **related to** the collection, **accuracy**, recording, analysis and presentation of a business, organization or company's financial operations. The accountant usually has a variety of administrative roles within a company's operations. In a smaller business, an accountant's role may consist of **primarily** financial data collection, entry and report generation. Middle to larger sized companies may utilize an accountant as an **adviser** and financial interpreter, who may present the company's financial data to people within and outside of the business. Generally, the accountant can also deal with third parties, such as **vendors**, customers and financial institutions.

Susan S. Davis, "What Role Does an Accountant Play in Business Operations?"
http://smallbusiness.chron.com/

1. associated with =
2. exactitude =
3. mainly =
4. consultant =
5. merchant =

36 CONDITIONS DE TRAVAIL ET TEMPS DE TRAVAIL

Règle

Vocabulaire à connaître

Ancienneté	*Seniority*
Avoir de longues journées de travail	*To work long hours*
Bourreau de travail	*Workaholic*
Candidater	*To apply*
Charge de travail	*Workload*
Chômage	*Unemployment*
Chômeur	*Unemployed/jobless*
Congés maladie	*Sick leave*
Congés maternité/paternité	*Maternity/paternity leave*
CV	*CV/résumé*
Démissionner	*To quit/to resign*
Discrimination	*Discrimination*
Emploi du temps	*Schedule*
Heures supplémentaires	*Extra hours/overtime*
Horaires de bureau	*9 to 5*
Horaires flexibles	*Flexible (working) hours*
Jour férié	*Day off/bank holiday*
Lettre de motivation	*Motivation/cover letter*
Pause	*Break*
Pointer	*To clock in/to clock out*
Recruter	*To hire/to recruit*
Renvoyer	*To fire/to let go*
Ressources humaines (RH)	*Human resources (HR)*
Se noyer (sous son travail)	*To drown*
Syndicat	*Trade union/union*
Temps de travail hebdomadaire	*Weekly working hours*
Travail à distance	*Working from home/teleworking*
Travail à temps plein	*Full-time job*
Travail à temps partiel	*Part-time job*
Travail de nuit	*Night shift*
Travailleur indépendant	*Freelance worker*
Vacances	*Holidays (GB)/vacation (USA)*

■ EXERCICE 1 :

Éliminez le mot qui, parmi ces séries de trois mots, est un intrus.

1. laid-off/dismissed/adjourned
2. hired/engaged/recruited
3. homework/teleworking/working from home
4. position/job/post

■ EXERCICE 2 :

Trouvez le mot de vocabulaire du cours qui correspond aux définitions suivantes.

1. An organization whose main purposes are to negotiate wages and working condition terms, regulate relations between workers and employers, and sometimes take collective action.
2. A short written description of your education, qualifications, previous jobs, and sometimes also your personal interests, that you send to an employer when you are trying to get a job.
3. Someone with a compulsive and unrelenting need to work.
4. A person who is self-employed and is not necessarily committed to a particular employer long-term.
5. When a person or particular group of people is/are treated differently, especially in a worse way because of their skin colour, gender, religion, sexual orientation.

■ EXERCICE 3 :

Cherchez les principaux jours fériés pour chacun des pays suivants.

Communs à plusieurs pays : *Christmas, New Year's Day, Easter Monday, Labour Day, Veterans' Day...*
Angleterre : *Boxing Day, Spring Bank holiday, Summer Bank holiday...*
Australie : *Australia Day, Canberra Day, Queen's Birthday...*
Canada : *Canada Day, Thanksgiving...*
Irlande : *Saint Patrick's Day...*
USA : *Independence Day, Martin Luther King's Day, President's Day, Thanksgiving...*

37 DROIT

Règle

Vocabulaire à connaître

Aller en justice	*To go to court/to sue*
Amende	*Fine*
Avocat	*Lawyer/attorney (USA)*
Avocat commis d'office	*Public defender/pro bono*
Barreau	*Bar*
Cabinet d'avocats	*Law firm*
Clause de confidentialité	*Confidentiality agreement*
Clause de non-concurrence	*Non-competition clause*
Condamner	*To sentence to*
Contourner la loi	*To circumvent the law*
Décision	*Verdict*
Dommages et intérêts	*Damages*
Droit	*Law*
Droit des affaires	*Business law*
Droit social	*Labor law*
Engager des poursuites judiciaires	*To prosecute*
Évasion fiscale	*Tax evasion*
Faculté de droit	*Law school*
Faire appel	*To appeal*
Faux témoignage	*Perjury*
Fraude	*Fraud*
Interdit	*Forbidden/banned/not allowed*
Juridique	*Legal*
Juriste	*Legal expert*
Légal/illégal	*Legal/illegal*
Législation	*Legislation*
Palais de justice	*Court house*
Pénalités	*Penalties*
Poursuivre en justice	*To sue*
Prison	*Jail/prison*
Procès	*Trial*
Témoin (oculaire)	*(Eye) witness*
Tribunal	*Court*

EXERCICE 1 :

Cherchez dans le dictionnaire toutes les traductions possibles des mots suivants extraits du cours.

1. droit
2. engager
3. faculté
4. appel
5. palais

EXERCICE 2 :

You will hear a question or statement and three responses spoken in English. They will not be printed in your test book and will be spoken only one time. Select the best response to the question or statement and mark the letter (A), (B), or (C) on your answer sheet.

1. If you were me, would you sue them?
A) Of course, let's write it down first.
B) It may be too late now.
C) How about tomorrow?

2. Do we have any news from the lawyer?
A) He needs a new lawyer.
B) I haven't heard from her.
C) No, I couldn't.

3. Is she at the court house?
A) No, it's at 3 pm.
B) I believe so.
C) Yes, the court house is across from the store.

4. The case may last forever.
A) In the worst case scenario, it's going to cost us 5,000 euros.
B) I don't think so.
C) I am not sure about the place though.

5. I thought it was forbidden?
A) Since when?
B) It has been a pleasure to meet you.
C) She confirmed it was a perfect location.

38 ÉCONOMIE MONDIALE

Règle

Vocabulaire à connaître

À l'étranger	*Overseas*
Accord	*Agreement*
Compétitivité	*Competitiveness*
Concurrence déloyale	*Unfair competition*
Concurrence sauvage	*Fierce competition*
Construction européenne	*European intégration*
Contrefaçon	*Counterfeiting*
Délocalisation	*Relocation*
Douane	*Customs*
Espaces économiques régionaux	*Regional trading areas*
Espérance de vie	*Life expectancy*
Être à la traîne	*To lag behind*
Exportations/exporter	*Exports/to export*
Firme multinationale (FMN)	*Multinational company (MNC)*
Frontière	*Border*
Fuite des cerveaux	*Brain drain*
Importations/importer	*To import/imports*
Mondialisation	*Globalization*
Monnaie étrangère	*Foreign currency*
Monnaie unique	*Single currency*
Niveau de vie	*Living standard*
Organisation mondiale du commerce (OMC)	*World trade organization (WTO)*
Pays du tiers-monde	*Third-world countries*
Pays émergent	*Emerging country*
Pays en voie de développement	*Developping countries*
Produit intérieur brut (PIB)	*Gross domestic product (GDP)*
(Produit national brut (PNB)	*Gross national product (GNP)*
Protectionnisme	*Protectionism*
Traité	*Treaty*
Travail des enfants	*Child labour*

EXERCICE 1 :

Complétez le tableau suivant en utilisant le mot à la forme qui convient.

Nom	Personne	Verbe
1. ...	2. ...	To compete (with)
Agreement		3. ...
Exports	4. ...	5. ...

EXERCICE 2 :

Lisez attentivement les définitions qui suivent et indiquez le mot du cours qui leur correspond.

1. A loss of trained professionals to another country that offers greater work opportunities.
2. To make an imitation or copy of (something), usually with the intent to defraud.
3. A system that fosters domestic industries by protecting them from foreign competition.
4. To send goods to another country for sale.
5. The place at an airport or border where officials check that the goods that people are bringing into a country are legal, and whether they should pay duties.

39 ÉTUDES SUPÉRIEURES

Règle

Vocabulaire à connaître

Amphithéâtre	*Lecture room*
Anciens élèves	*Alumni*
Attestation de présence	*Attendance sheet*
Apprendre/enseigner	*To teach/to learn*
Assistant	*Tutor*
Bibliothèque	*Library*
Bourse	*Grant (UK)/scholarship (US)*
Chercheur	*Researcher*
Collège	*Middle school/junior high school*
Corps enseignant	*Faculty*
Cours du soir	*Evening class*
Diplôme	*Diploma/degree*
Discipline principale	*Major*
Discipline secondaire	*Minor*
École primaire/secondaire	*Primary/secondary school*
Éducation tout au long de la vie	*Life-long learning*
Élève	*Pupil/student*
Emploi du temps	*Schedule/timetable*
Enseignement supérieur	*Higher education*
Étudiant	*Student*
Étudier	*To study*
Formateur	*Trainer/coach/teacher*
Formation	*Training*
Frais d'inscription	*Tuition fees*
Université	*University/college (USA)*
Universités prestigieuses du nord-est des États-Unis	*Ivy league*
Professeur/professeur d'université	*Teacher/professor*
Programme	*Curriculum*
Professeur invité	*Visiting professor*
Recteur	*Chancellor*

EXERCICE 1 :

Complétez les phrases suivantes en utilisant le vocabulaire du cours.

1. I ... at Yale from 1999 to 2004.
2. The ... are so expensive now, many students can't even go to higher education.
3. The ... ceremony starts at 6, tell your parents not to be late.
4. I chose French as a ... only because I feel more comfortable in Spanish.
5. My daughter has just been confirmed that she was granted a ..., which means she will be able to pay for her studies.

EXERCICE 2 :

You will hear a question or statement and three responses spoken in English. They will not be printed in your test book and will be spoken only one time. Select the best response to the question or statement and mark the letter (A), (B), or (C) on your answer sheet.

1. Where's the lecture today?
A) He's reading in the classroom.
B) I haven't checked yet.
C) I listened to him and I loved it.

2. Do you know this professor?
A) I don't know what you're talking about.
B) Professor Andrews will be late.
C) Of course I do.

3. Where did you study?
A) I was in France last week.
B) In Paris.
C) I usually study in the evening.

4. Do we know what this session is about?
A) Didn't you receive the email with the topic?
B) I have heard this many times.
C) The session is about to start.

5. When does the lesson start?
A) The lesson is for starters only.
B) Not with Mrs Moore.
C) I think it has not been determined yet.

40 ENVIRONNEMENT

Règle

Vocabulaire à connaître

Amiante	*Asbestos*
Commerce équitable	*Fair trade*
Déchets	*Wastes*
Défense de l'environnement	*Conservation*
Dégrader	*To damage*
Dériver	*To drift*
Développement durable	*Sustainable development*
Eau du robinet/plate/gazeuse	*Tap/still/sparkling water*
Écologique	*Ecological*
Effet de serre	*Greenhouse effect*
Énergie éolienne	*Wind energy*
Éolienne	*Wind mill/wind turbine*
Espèces en voie de disparition	*Endangered species*
Être à court (de quelque chose)	*To run out of (something)*
Être dépendant de	*To be dependent on*
Faune	*Wildlife*
Inondation	*Flood*
Marée noire	*Oil slick*
Mesure incitative	*Incentive*
Météo/temps	*Weather*
Panneau solaire	*Solar panel*
Parti écologiste	*Green party*
Pétrole	*Petrol (GB)/gas (USA)*
Politique environnementale	*Environmental policy*
Prise de conscience	*Public awareness*
Qui est horrible à regarder	*Eyesore*
Réchauffement climatique	*Global warming*
Recyclage	*Recycling*
Respirer	*To breathe*
Ressource naturelle/limitée	*Natural/finite resource*
Sans-plomb	*Unleaded*
Se conformer	*To comply*
Sécheresse	*Drought*
Sensibiliser	*To raise awareness*
Sol	*Soil*
Tempête/tornade	*Storm*
Traitement des déchets	*Waste processing*
Tremblement de terre	*Earthquake*

EXERCICE 1 :

Cherchez dans le dictionnaire les différents sens des mots suivants, extraits du cours.

1. défense
2. effet
3. panneau
4. sol
5. tremblement

EXERCICE 2 :

Read the following text. A word or phrase is missing in some of the sentences. Four answer choices are given below each of the sentences. Select the best answer to complete the text. Then mark the letter (A), (B), (C), or (D) on your answer sheet.

Air Quality Ontario

The quality of our air directly impacts our health and the natural environment, 1. ... we want our air to be as clean as possible. The Ministry of the Environment and Climate Change works to protect and improve air quality through legislation, targeted programs, and partnerships with other jurisdictions.

The Ministry has a network of 39 ambient (outside) air monitoring stations across the province that collect real-time air pollution data. This information is communicated to the public through Ontario's new Air Quality Health Index (AQHI) and as hourly concentrations of each pollutant. The Air Quality Health Index 2. ... the Air Quality Index on June 24, 2015. For more information, see What is the Air Quality Health Index? The Air Quality Health Index and data collected 3. ... our monitoring stations are posted on this website every hour, 24 hours a day, seven days a week.

As part of a new partnership with Environment Canada, Air Quality Health Index values and forecasts will also be posted on the Environment Canada website, www.airhealth.ca. Each year, the ministry prepares an Air Quality Report to assess the state of air quality in Ontario based on the provincial Air Quality Health Index network.

Source : www.airqualityontario.com/

1.
A) therefore
B) that's why
C) hence
D) nonetheless

2.
A) replaced
B) has replaced
C) has been replaced
D) replaces

3.
A) from
B) at
C) within
D) along

41 NOURRITURE ET SANTÉ

Règle

Vocabulaire à connaître

Alcoolisme	*Drinking*
Allégé	*Ligh/fat free*
Blessure	*Injury*
Boisson	*Drink/beverage*
Boisson sans alcool	*Non-alcoholic/soft drink*
Bon pour la santé	*Healthy*
Déjeuner d'affaires	*Business lunch*
Distributeur de boissons/friandises	*Vending machine*
Dos	*Back*
Douleur/douloureux	*Pain/painful*
Drogues	*Grugs*
En-cas	*Snack*
Entretenir sa forme	*To keep fit*
Équilibré	*Balanced*
Être cloué au lit	*To be bedridden*
Faculté de médecine	*Medecine school*
Faire du sport	*To exercise*
Fumer	*Smoking*
Guérir	*Heal*
Hôpital/centre médical	*Hospital/medical center*
Mal de tête	*Headache*
Malade/maladie	*Sick/disease*
Malbouffe	*Junk food*
Mauvais pour la santé	*Unhealthy*
Musculation	*Workout*
Peau	*Skin*
Perdre du poids	*To lose weight*
Pourboire	*Tip*
Prendre du poids	*To put on weight*
Réservation/réserver	*Reservation/to book*
Salle de sports	*Gym/fitness center*
Sans sucre	*Sugar free*
Santé	*Health*
Tabac	*Smoking*
Urgences	*Emergency room (ER)*

■ EXERCICE 1 :

Complétez les phrases suivantes en utilisant le quantifieur qui convient.

1. Would you like ... milk?
2. Would you like to try our house wine? Sure, but just ... please, I need to drive this afternoon.
3. I'm sorry we don't have ... specials today.
4. Did you lose weight? Well, just ... pounds.
5. Which one have you tasted? Well I have just arrived and I haven't tried ... of them yet.

■ EXERCICE 2 :

You will hear a question or statement and three responses spoken in English. They will not be printed in your test book and will be spoken only one time. Select the best response to the question or statement and mark the letter (A), (B), or (C) on your answer sheet.

1. Will they be joining us for dinner?
A) The dinner will start at 7 pm.
B) They may be late, but they're coming.
C) I have asked Judie to book the restaurant for dinner.

2. How often do you smoke?
A) At least 50 € per month.
B) I know I should not, I'm sorry.
C) Not as many cigarettes as I used to.

3. Is this what you call a balanced diet?
A) What about going there?
B) As a matter of fact, it is.
C) How about an Italian restaurant then?

4. Do you have any special today?
A) Sure, I'll bring the check right away.
B) It's a New York steak with French fries.
C) It's a very special and limited edition.

5. My back really hurts.
A) You shoud take some more pills.
B) I told you to hurry.
C) Do you have heart burns?

42 NOUVELLES TECHNOLOGIES ET COMMUNICATION

Règle

Vocabulaire à connaître

Arnaque en ligne	*Scam*
Chronophage	*Time-consuming*
Clavier	*Keyboard*
Commerce en ligne	*Online shopping*
Dépendance à	*Dependence (to)/addiction (to)*
Données	*Data*
Ecran	*Screen*
Envoyer	*Send*
Fracture numérique	*Digital gap*
Fuite d'information	*Leak*
Informaticien	*Computer scientist/computer guy*
Informatisation	*Computerization*
Joindre un document	*To attach a document*
Liberté d'expression	*Freedom of speech*
Mot de passe	*Password*
Nouvelles technologies	*New technologies*
Ordinateur/ordinateur portable	*Computer/laptop*
Pirate/pirater	*Hacker/to hack*
Puce	*Chip*
Répondre	*Reply*
Réseaux sociaux	*Social media/social networks*
Se connecter/se déconnecter	*To log on/to log off*
Technologies de l'information	*Information technology (IT)*
Téléphone portable	*Cell phone/mobile phone*
Transaction sécurisée	*Secured transaction*
Travailler à la maison	*Working from home/teleworking*
Ventes en ligne	*Online sales*

EXERCICE 1 :

Transformez les noms ou verbes suivants tirés de la liste du cours en adjectifs.

1. an addiction
2. an attachment
3. a hacker
4. to log on
5. a sale

EXERCICE 2 :

Cherchez les traductions des formules suivantes, souvent utilisées dans des correspondances dans un cadre personnel ou professionnel.

1. Chère Madame/Chère Madame Frank
2. Cher Monsieur/Cher Monsieur Lawrence
3. Bien cordialement
4. Salutations distinguées
5. Il me tarde d'avoir de tes/vos nouvelles

EXERCICE 3 :

Lisez attentivement le texte suivant et choisissez, pour chacun des trois passages manquants, le mot qui convient.

Privacy Policy

We are the 1. ... owners of the information collected on this site. We only have access to/collect information that you voluntarily give us via email or other direct contact from you. We will not sell or rent this information to anyone.

We will use your information to respond to you, regarding the reason you contacted us. We will not share your information with 2. ... third party outside of our organization, other than as necessary to fulfill your request, e.g. to ship an order.

3. ... you ask us not to, we may contact you via email in the future to tell you about specials, new products or services, or changes to this privacy policy.

1.
A) sole
B) alone
C) unique
D) lonely

2.
A) many
B) a few
C) some
D) any

3.
A) Nonetheless
B) Unless
C) Regardless
D) Nevertheless

43 ORGANISATION DE L'ENTREPRISE

Règle

Vocabulaire à connaître

Actions	*Stocks (USA)/shares (GB)*
Actionnaires	*Stockholders (USA)/shareholders (GB)*
Cadres dirigeants	*Senior management*
Cadre supérieur	*Senior executive*
Chef de service	*Head of department*
Communication horizontale/verticale	*Lateral/vertical communication*
Conseil d'administration	*Board of directors*
Directeur financier	*Chief financial officier (CFO)*
Entreprise	*Company/business/firm*
Être son propre patron	*To be self-employed*
Gérant	*Manager*
Gravir les échelons de l'entreprise	*To climb (up) the corporate ladder*
Monter une entreprise	*To start/to set up a business*
Organigramme	*Organization chart*
Plafond de verre	*Glass ceiling*
Porte-parole	*Spokesperson*
Président directeur général (PDG)	*Chief executive officer (CEO)*
Société anonyme (SA)	*Public limited company (PLC)*
Société anonyme à responsabilité limitée (SARL)	*Limited liability company (LLC)*
Secrétaire	*Secretary/personal assistant (PA)*
Service	*Department (dpt)*
Service après-vente	*After sales dpt*
Service clients	*Customer service*
Service communication	*Public relation/advertising dpt*
Service comptabilité	*Accounting dpt*
Service des ressources humaines	*Human resources dpt*
Service informatique	*IT (information technology) dpt*
Service juridique	*Legal dpt*
Service recherche et développement	*Research and develoment dpt*
Service technique	*Technical support*
Stagiaire	*Trainee/intern*
Syndicat	*Trade union*

EXERCICE 1 :

Cherchez les différentes traductions possibles des mots suivants extraits du cours.

1. cadre
2. chef
3. secrétaire
4. service
5. société

EXERCICE 2 :

You will hear a question or statement and three responses spoken in English. They will not be printed in your test book and will be spoken only one time. Select the best response to the question or statement and mark the letter (A), (B), or (C) on your answer sheet.

1. This is a legal issue.
A) The legal department is on the 6th floor.
B) You're right, we will need a lawyer to handle it.
C) I guess they legalized it a few weeks ago.

2. I hear they are looking to hire a new CFO.
A) The position has been vacant for a few weeks.
B) The CEO resigned last Monday.
C) Where would you like to go?

3. I want to speak to your manager.
A) He's been the manager of the store for 6 months.
B) Can I speak to you for a minute?
C) She's not here today.

4. Yes, I think he's in the union, why?
A) 13% of the workers belong to the union.
B) I think this union is very powerful.
C) Can you check this for me please, I really need to know for sure.

5. Now that I am self-employed, I could not get back to a regular office job.
A) Do you really have to go back to the office now?
B) I wish I were as lucky as you are.
C) Do you want to come back tomorrow to finish the job?

44 PRODUCTION

Règle

Vocabulaire à connaître

Agriculteur	*Farmer*
Améliorer le rendement	*To improve efficiency*
Atelier	*Workshop*
Chaîne de montage	*Assembly line*
Chantier	*Construction site*
Coûts de fabrication	*Manufacturing costs*
Cultures agricoles	*Crops*
Désuet	*Obsolescent*
Exploitation agricole	*Farmstead*
Fabrication en série	*Mass production*
Fermeture d'usine	*Shutdown*
Informatiser	*To computerize*
Innovation/innover	*Innovation/to innovate*
Irrigation	*Irrigation*
Laboratoire	*Lab*
Mécanisation	*Mechanization*
Outil	*Tool*
Poste de travail	*Station*
Production	*Production*
Productivité	*Productivity*
Produire	*To produce*
Ralentir	*To slow down*
Recherche appliquée	*Applied research*
Retard technologique	*Technological gap*
Révolution technologique	*Technological revolution*
Savoir-faire industriel	*Industrial know-how*
Stimuler	*To boost*
Travailleur	*Worker*
Usine	*Factory/plant*

EXERCICE :

For each question in this part, you will hear four statements about a picture in your test book. When you hear the statements, you must select the one statement that best describes what you see in the picture. Then find the number of the question on your answer sheet and mark your answer. The statements will not be printed in your test book and will be spoken only one time.

A) The workers should be wearing a helmet.

B) They are on a construction site.

C) It's very noisy inside the factory.

D) The workers have just clocked in.

A) The scientists are discussing an experiment.

B) The people are in a laboratory.

C) The technicians are sitting together.

D) The people are using safety equipment.

45 RECRUTEMENT ET RESSOURCES HUMAINES

Règle

Vocabulaire à connaître

À temps partiel	*Part-time*
À temps plein	*Full-time*
Absentéisme	*Absenteeism*
Ancienneté	*Seniority*
Apprentissage	*Apprenticeship*
Cadre	*Executive*
Candidat	*Applicant*
Candidater	*To apply*
Candidature	*Application*
Clause de confidentialité	*Confidentiality agreement*
Clause de non-concurrence	*Non-competition clause*
Compétence/compétent	*Skill/skilled*
Contrat de travail	*(Work) contract*
Dans le domaine de	*In the field of*
Démissionner	*To quit/to resign*
Diplôme	*Diploma/degree/qualification*
Discrimination basée sur le genre	*Gender-based discrimination*
Discriminer	*To discriminate against*
Directeur des ressources humaines (DRH)	*Human resources manager*
Employeur/employé	*Employer/employee*
Expérience professionnelle exigée	*Work experience required*
Faire des heures supplémentaires	*To work overtime*
Formation tout au long de la vie	*Lifelong learning*
« On recrute »	*«Now hiring»*
Poste vacant	*Job vacancy*
Promotion	*Promotion*
Promouvoir	*To promote*
Recruter	*To recruit/to hire*
Renvoyer	*To fire/to let go/to dismiss*
Rupture de contrat	*Breach of contract*
Stage	*Training period/internship*
Test d'aptitude	*Aptitude testing*
Travail à domicile	*Teleworking/telecommuting*
Virer	*To sack*

EXERCICE 1 :

Complétez les phrases suivantes en plaçant les mots ci-dessous où il convient : *to apply/applicant/applied/applying/application*.

1. I have one more ... to interview and I will be done for today.
2. She said she ... two weeks ago and has not received any email from us.
3. We have two openings indeed: you can take one of these ... forms and return it tomorrow.
4. I don't know yet, I am ... online as we speak.
5. I am interested. What are the conditions ...?

EXERCICE 2 :

A word or phrase is missing in each of the following sentences. Four answer choices are given below each sentence. Select the best answer to complete the sentence. Then mark the letter (A), (B), (C), or (D) on your answer sheet.

1. There was a deadline but I did not ... on time.
A) apply
B) applied
C) had applied
D) applying

2. Sophie is a French intern, she ... working with us only a few weeks ago.
A) had started
B) started
C) was starting
D) starts

3. I'm sorry but a previous work experience is ...
A) demanded
B) obligated
C) required
D) asked

4. When do you plan to ... her?
A) recruit
B) recruiting
C) recruted
D) have recruted

5. I hated my job. I think I ... resigned even before.
A) should have
B) had
C) have had
D) should

46 RETRAITE ET PROTECTION SOCIALE

Règle

Vocabulaire à connaître

Abordable	*Affordable*
Assister	*To help*
Assurance chômage	*Unemployment cover*
Avantages sociaux	*Social benefits*
Chômage de courte/longue durée	*Short/long term unemployment*
Couverture sociale/médicale	*Social/medical cover*
Devenir dépendant	*To become dependent*
Espérance de vie	*Life expectancy*
État providence	*Welfare state*
Être un fardeau	*To be a burden*
Limite d'âge de la retraite	*Retirement age threshold*
Parent à charge	*Dependent parent*
Partir en retraite anticipée	*To take early retirement*
Pension d'invalidité	*Disablement pension*
Personnes âgées	*The elderly/older people*
Politiques sociales	*Social policies*
Prendre sa retraite	*To retire*
Retraite (période de la vie)	*Retirement*
Retraite (pension)	*Pension*
Retraité	*Retired (adj.)/retiree (noun)*
Sécurité sociale	*Social security*
Service national de santé (GB)	*National Health Service (NHS)*
Soins médicaux	*Medical care*
Sourd	*Deaf*
Taux de chômage	*Unemployment rate*
Temps libre	*Free time/spare time*
Troisième âge	*Senior citizens*
Vieillir	*To age/to get older*

EXERCICE 1 :

Cherchez dans le dictionnaire les autres traductions possibles des mots suivants tirés de la liste de vocabulaire.

1. assister
2. avantage
3. couverture
4. pension
5. retraite

EXERCICE 2 :

Lisez attentivement le texte ci-dessous et choisissez, pour chacun des mots en gras, un synonyme parmi la liste des trois propositions.

This good news is all thanks to the agreement that President Obama and Congress came together **to craft** a law just last week, called the Bipartisan Budget Act of 2015. This new law, in addition to providing stability to our economy and common sense to our budget process, spreads out the cost of maintaining the Medicare Trust Fund for doctors and outpatient services. This change will **prevent** a **sharp** premium increase in 2016, as well as in 2017 if there is again no cost of living adjustment in Social Security. The law also prevents overpayments for certain physician and surgical services performed outside of the hospital. As a result, taxpayers will save about $9 billion over the next decade, while seniors and individuals with disabilities will save upwards of $3 billion in reduced premiums and cost sharing.
Valerie Jarrett, "Relief for people with Medicare"
https://www.whitehouse.gov/blog/2015/11/10/relief-people-medicare

1. to craft
A) to make
B) to edit
C) to adopt

2. to prevent
A) to warn
B) to avoid
C) to cease

3. sharp
A) potential
B) low
C) significant

47 RÉUNIONS

Règle

Vocabulaire à connaître

Aborder un sujet	*To address (a topic)*
Aller droit au but	*To go straight to the point*
Annuler une réunion	*To cancel a meeting*
Assister à une réunion	*To attend a meeting*
Clé USB	*USB key*
Commentaires	*Comments*
Compte-rendu	*Minutes*
Conférence	*Lecture/conference*
Discours	*Speech*
Discussions	*Discussions*
Hors-sujet	*Off topic*
Interrompre	*To interrupt*
Invité (d'honneur)	*Guest (of honor)*
Jeu de rôle	*Role play*
Objectif	*Objective*
Ordre du jour	*Agenda*
Organiser une réunion	*To hold a meeting*
Participant	*Participant/attendee*
Prendre des notes	*To take notes*
Présenter (une personne)	*To introduce (someone)*
Personne absente	*Absentee*
Présentation	*Presentation*
Proposition	*Proposal*
Tableau blanc	*White board*
Travail en groupe	*Work group*
Reporter une réunion	*To postpone a meeting*
Rétro-projecteur	*Overhead projector*
Résumé	*Summary*
Réunion	*Meeting*
Salle de réunion	*Meeting room*
Visio-conférence	*Conference call*

EXERCICE 1 :

Cherchez dans le dictionnaire les autres traductions possibles des mots suivants tirés de la liste de vocabulaire.

1. objectif
2. résumé
3. réunion

EXERCICE 2 :

You will hear a question or statement and three responses spoken in English. They will not be printed in your test book and will be spoken only one time. Select the best response to the question or statement and mark the letter (A), (B), or (C) on your answer sheet.

1. Our main ... is to double last year's exports.
A) attend
B) objective
C) lecture

2. My sales team and I have ... a few ideas on how to improve our global strategy.
A) brainstorm
B) brainstormed
C) brainstorming

3. He's away on a business trip, so let's ... until he comes back.
A) attend
B) report
C) postpone

4. We have had so many meetings over the past few days, I don't even know what is on the ... today of this one.
A) calendar
B) agenda
C) order

5. I am sorry but we don't have time to ... this topic today.
A) speak
B) address
C) talk

48 VOYAGES ET DÉPLACEMENTS PROFESSIONNELS

Règle

Vocabulaire à connaître

Annulé	*Cancelled*
Arrivées	*Arrivals*
Classe affaires	*Business class*
Classe économique	*Economic class/coach*
Colis sans surveillance	*Unattented luggage/baggage*
Consignes de sécurité	*Safety procedures/announcements*
Départs	*Departures*
Escale	*Layover*
Fauteuil	*Seat*
Fenêtre	*Window*
Frais de déplacement	*Travel expenses*
Navette	*Shuttle*
Plein	*Full*
Point information	*Information desk*
Première classe	*First class*
Réserver	*To book*
Rembourser	*To refund/to pay back*
Retard	*Delay*
Valises	*Baggage/luggage*
Voiture de location	*Rental car*
À la gare	*At the (train) station*
Billet de train	*Train ticket*
Quai	*Plateform*
Voiture	*Car*
À l'aéroport	*At the airport*
Allée	*Aisle*
Atterrissage	*Landing*
Bagage à main	*Carry on bags/luggage*
Billet d'avion	*Flight ticket*
Compagnie aérienne	*Airline company*
Compartiments à bagages	*Overhead locker*
Correspondance	*Connections/connecting flights*
Décollage	*Take off*
Porte d'embarquement	*Boarding gate*
Surclassement	*Upgrade*
Vol direct	*Direct flight*

EXERCICE 1 :

Trouvez plusieurs mots dérivés ou composés à partir des mots suivants.

1. safe
2. to cancel
3. air

EXERCICE 2 :

Traduisez les phrases suivantes en choisissant la préposition qui convient.

1. sous le siège
2. à travers la fenêtre
3. sur votre gauche
4. à côté de vous
5. au-dessus de votre tête

EXERCICE 3 :

Complétez les phrases suivantes avec le vocabulaire du cours.

1. I want an ... seat, I don't want to be next to the window.
2. I can't believe I was ... again: I was in Business Class from Los Angeles to Berlin, although I had booked an economy ticket.
3. They really insist that all ... be reported to a security agent.
4. The use of mobile devices is strictly forbidden for ... and ...
5. We all have to travel coach this season because the ... have increased too much and we were asked to be more careful.

49 ANGLAIS BRITANNIQUE VS ANGLAIS AMÉRICAIN

Règle

L'anglais britannique et l'anglais américain sont différents à au moins deux niveaux :

- différence d'accent (anglais britannique sur la BBC/anglais américain sur CNN) ;
- différence d'orthographe de certains mots : *colour/color* ;
- différence dans les mots employés : pour un Anglais, le *first floor* est le premier étage alors que pour un Américain, c'est le rez-de-chaussée.

Il existe de nombreux mots qui n'ont pas la même orthographe en anglais britannique et en anglais américain :

French	*British English*	*American English*
Analyse	*Analyse*	*Analyze*
Comportement	*Behaviour*	*Behavior*
Centre	*Centre*	*Center*
Théâtre	*Theatre*	*Theater*
Voisin	*Neighbour*	*Neighbor*
Permis	*Licence*	*License*
Catalogue	*Catalogue*	*Catalog*
Critiquer	*Criticise*	*Criticize*
Inscription	*Enrolment*	*Enrollment*
Travail	*Labour*	*Labor*
Reconnaître	*Recognise*	*Recognize*
Manœuvre	*Manœuvre*	*Maneuver*
Infraction	*Offence*	*Offense*
Honneur	*Honour*	*Honor*
Rumeur	*Rumour*	*Rumor*
Fibre	*Fibre*	*Fiber*
Mètre	*Metre*	*Meter*
Annulé	*Cancelled*	*Canceled*

Il existe aussi de nombreux termes qui se traduisent par des mots différents en anglais britannique et en anglais américain :

French	British	American
Action	*Share*	*Stock*
Actionnaire	*Shareholder*	*Stockholder*
Addition	*Bill*	*Check*
Agent immobilier	*Real estate agent*	*Realtor*
Aller (simple)	*Single ticket*	*One-way ticket*
Appartement	*Flat*	*Apartment*
Ascenceur	*Lift*	*Elevator*
Automne	*Autumn*	*Fall*
Autoroute	*Motorway*	*Freeway*
Billet de banque	*Banknote*	*Bill*
Bonbon	*Sweet*	*Candy*
Camion	*Lorry*	*Truck*
Caravane	*Caravan*	*Trailer*
Céder le passage	*To give way*	*To yield*
Centre-ville	*City centre*	*Downtown*
Cinéma	*Cinema*	*The movies*
Code postal	*Post code*	*Zip code*
Collège	*Middle school*	*Junior high school*
Concierge	*Caretaker*	*Janitor*
CV	*CV*	*Résumé*
Emploi du temps	*Timetable*	*Schedule*
Essence	*Petrol*	*Gas*
Étiquette	*Label*	*Tag*
Expert-comptable	*Chartered accountant*	*Certified public accountant*
Football	*Football*	*Soccer*
Frites	*Chips*	*French fries*
Hommes/femmes	*Men/women*	*Male/female*
Magasin	*Shop*	*Store*
Métro	*Tube*	*Subway*
Normal	*Normal*	*Regular*
Note (à l'école)	*Mark*	*Grade*
Parking	*Car park*	*Parking lot*
Placard	*Cupboard*	*Closet*
Proviseur	*Headmaster*	*Principal*
Publicité	*Advert*	*Commercial*
Rez-de-chaussée	*Groundfloor*	*First floor*
Robinet	*Tap*	*Faucet*
Syndicat	*Trade union*	*Labor union*
Toilettes	*Toilets*	*Restrooms/bathroom*
Trottoir	*Pavement*	*Sidewalk*
Vacances	*Holidays*	*Vacation*

50 FAUX AMIS

Règle

Les faux amis sont des mots dont l'orthographe anglaise est proche, voire identique à l'orthographe française, mais dont le sens est différent. Une bonne connaissance des faux amis est indispensable pour éviter les faux-sens et les contre-sens.

English	*Français*
Abuse	Insulte
Accommodation	Logement
Achieve (to)	Réaliser
Actually	En fait
Advance (to)	Faire progresser
Advocate	Préconiser
Affair	Liaison amoureuse
Alter (to)	Changer
Application	Candidature
Argument	Dispute
Attend (to)	Assister (à)
Bachelor	Célibataire
Balance	Équilibre
Bail	Caution
Benefit	Avantage
Blouse	Chemisier
Bullet	Balle (arme)
Caution	Prudence
Character	Personnage
Charity	Organisme caritatif
Clerk	Employé
Concern	Souci
Concrete	Béton
Confidence	Confiance
Company	Société, entreprise
Crane	Grue (oiseau et outil)
Crayon	Pastel
Current	Actuel
Date	Rendez-vous amoureux
Decade	Décennie
Deceive (to)	Tromper
Deception	Supercherie
Defendant	Inculpé
Delay	Retard
Deliver (to)	Livrer

English	*Français*
Deposit	Caution
Dire	Terrible
Dramatic	Spectaculaire
Editor	Rédacteur
Engaged	Fiancé
Executive	Cadre dirigeant
Extra	Supplémentaire
Eventually	Au final
Evidence	Les preuves
Fabric	Tissu
Figures	Chiffres, statistiques
Fumes	Émissions de gaz
Glass	Verre
Grand	Magnifique
Grief	Chagrin
Habit	Habitude
Hazard	Risque
Inconvenient	Incommode, peu pratique
Information	Renseignement
Ignore (to)	Ne pas tenir compte
Intelligence	Les renseignements
Issue	Problème
Journey	Voyage
Lecture	Conférence
Licence	Permis
Location	Lieu
Malice	Méchanceté
Match (to)	Correspondre (à)
Mercy	Pitié
Mere	Simple
Miser	Avare
Pain	Douleur
Phrase	Expression
Plant	Usine
Platform	Quai/estrade
Pretend (to)	Faire semblant
Range	Gamme/variété
Recipient	Destinataire, bénéficiaire
Record	Disque
Regard (to)	Considérer
Resignation	Démission
Résumé	CV
Resume (to)	Reprendre
Vilain	Traître, méchant
Volonteer (to)	Être bénévole
Executive	Cadre dirigeant

CORRIGÉS DES EXERCICES

RÈGLE 1. RÉUSSIR LA PARTIE I : L'EXERCICE DES PHOTOS

Exercice

1. C) 2. D) Ok.

RÈGLE 2. RÉUSSIR LA PARTIE II : QUESTIONS-RÉPONSES

Exercice

1. C) 2. A) 3. C) 4. A) 5. A)

RÈGLE 4. REMARQUES SUR LA COMPRÉHENSION ORALE

Exercice 1

1. add 2. by 3. flour 4. write 5. steel

Exercice 2

1. although 2. fill 3. shop 4. sit 5. taste

Exercice 3

1. montante 2. descendante 3. montante 4. montante 5. montante

RÈGLE 5. RÉUSSIR LA PARTIE V : QCM DE GRAMMAIRE ET DE VOCABULAIRE

Exercice

1. C) 2. A) 3. A) 4. B) 5. B)

RÈGLE 6. RÉUSSIR LA PARTIE VI : TEXTES À COMPLÉTER

Exercice

1. B) 2. A) 3. C)

RÈGLE 7. RÉUSSIR LA PARTIE VII : COMPRÉHENSION DE DOCUMENTS ÉCRITS

Exercice

1. A) 2. C)

RÈGLE 8. ARTICLES

Exercice 1

1. Ø 2. the 3. the 4. Ø 5. Ø

Exercice 2

1. an 2. a 3. a 4. an 5. a

Exercice 3

1. he is a lawyer 2. President Obama 3. Britons 4. a new assistant 5. France

RÈGLE 9. PRONOMS

Exercice 1

1. it's 2. it 3. its 4. it 5. it's

Exercice 2

1. me 2. myself 3. mine 4. me 5. myself

Exercice 3

1. We would like to come with you. 2. They would like to come with us. 3. She could have done it herself. 4. What do you mean it's not yours? 5. It's no longer my problem, it's theirs.

RÈGLE 10. ADJECTIFS

Exercice 1

1. the poor 2. the jobless/the unemployed 3. the Reds 4. the wounded and the dead 5. the unknown

Exercice 2

1. A) 2. D) 3. C) 4. B) 5. A)

Exercice 3

1. a light blue uniform 2. a blue-eyed boy 3. a 27-year-old student 4. an absent-minded employee 5. a well-dressed woman

RÈGLE 11. ADVERBES

Exercice 1

1. carefully 2. fast 3. obviously 4. successfully 5. well

Exercice 2

1. She is never late. 2. I am rather confident they will be able to implement these reforms. 3. I haven't found the answer yet. 4. It was too late and maybe people were a bit surprised? 5. Surprisingly, I must say this was a good presentation.

CORRIGÉS DES EXERCICES

Exercice 3

1. I rarely work on Saturdays. 2. Maybe she could call customer service? 3. I strongly advise you get a lawyer. 4. I believe they know exactly what I am talking about. 5. It was quite interesting.

RÈGLE 12. COMPARATIFS

Exercice 1

1. slower than 2. worse than 3. more significant than 4. bigger than 5. stronger than

Exercice 2

1. not as interesting as 2. less solid than 3. not as far as 4. less trained than 5. not as skilled as

RÈGLE 13. SUPERLATIFS

Exercice 1

Adjectif	Superlatif d'infériorité	Superlatif de supériorité
Significant	The least significant	The most significant
Accurate	The least accurate	The most accurate
Punctual	The least punctual	The most punctual
Rude	The least rude	The rudest
Good	The worst	The best

Exercice 2

1. This could be the worst decision. 2. Here's the oldest version I could find. 3. I believe it's the best solution. 4. I'm sorry but of all other applicants you're the least qualified/skilled. 5. It's the least I could do.

RÈGLE 14. DÉNOMBRABLES ET INDÉNOMBRABLES

Exercice 1

1. many/several employees 2. many sales 3. few CVs 4. some clients 5. quite some time

Exercice 2

Dénombrables	Indénombrables
1. Suitcase/bag	Luggage
2. Tip	Advice
Journey	3. Travel
4. Jobs	Work
View	5. Scenery

Exercice 3

1. little 2. a few 3. few 4. a little 5. little

RÈGLE 15. FORME INTERROGATIVE

Exercice 1

1. How often 2. How much time 3. Which 4. What time 5. How far

Exercice 2

1. has she? 2. aren't we? 3. don't you? 4. wouldn't you? 5. will she?

Exercice 3

1. Didn't she say she was on a business trip? 2. It's quite risky, isn't it? 3. Why haven't you told me anything before? 4. How old is your son now? 5. Have you ever been to Japan?

RÈGLE 16. POSSESSION

Exercice 1

1. the shareholders' votes 2. the buyer's agent 3. the client's bags 4. the intern's new fiancé 5. the secretary's email address

Exercice 2

1. 's 2. 's 3. ' 4. ' 5. 's

RÈGLE 17. MOTS DE LIAISON

Exercice

1. D) 2. B) 3. A) 4. C) 5. C)

RÈGLE 18. NOMBRES ET DONNÉES CHIFFRÉES

Exercice 1

1. 900,000 2. 6,010 3. 3,009,050 4. 17.4% 5. 1,000,000,000

Exercice 2

1. boomed 2. have gone up 3. have remained 4. has dropped 5. collapsed

Exercice 3

1. half of the products 2. hundreds of résumés 3. twenty seven point five percent 4. less than seven percent 5. two million dollars

CORRIGÉS DES EXERCICES

RÈGLE 19. PRÉSENT SIMPLE ET PRÉSENT *BE + V-ING*

Exercice 1

1. She usually does not finish too late. 2. You're not talking to the right person. 3. They don't want to hire anymore staff. 4. They're not asking for any other details. 5. I don't really know what to do.

Exercice 2

1. Who does he want to see? 2. Where is she flying to? 3. What time does the strike start today? 4. How much time does he have? 5. Who are you having lunch with today?

Exercice 3

1. are currently looking 2. has 3. am printing 4. is running 5. meet

RÈGLE 21. *SIMPLE PAST* ET *PRESENT PERFECT*

Exercice 1

En français	Infinitif	Simple past	Participe passé
Partir	*To leave*	*Left*	*Left*
Laisser	*To let*	*Let*	*Let*
Surmonter	*To overcome*	*Overcame*	*Overcome*
Dépenser	*To spend*	*Spent*	*Spent*
Tomber	*To fall*	*Fell*	*Fallen*

Exercice 2

1. ago 2. since 3. while 4. ever 5. yet

Exercice 3

1. called 2. has been 3. was attending 4. was talking 5. haven't heard

RÈGLE 22. *PAST PERFECT*

Exercice 1

1. had just given 2. had scheduled 3. had learnt 4. had come 5. had never been

Exercice 2

1. I had never thought about it before. 2. I don't think we had met before. 3. He had not even looked at my CV yet. 4. Hadn't you been there yet? 5. They had arrived at the party before me.

RÈGLE 23. FUTUR

Exercice 1

	Futur proche	Futur d'intention	Futur
To set up	You are about to set up	You are going to set up	You will set up
To meet	You are about to meet	You are going to meet	You will meet
To negotiate	You are about to negotiate	You are going to negotiate	You will negotiate
To sell	You are about to sell	You are going to sell	You will sell
To speak	You are about to speak	You are going to speak	You will speak

Exercice 2

1. He's about to say something. 2. The train leaves in 5 minutes. 3. She will be 20 minutes late. 4. I'm going to call him/her. 5. I will tell him/her when I see him/her.

RÈGLE 24. CONDITIONNEL

Exercice 1

1. could 2. would 3. should 4. should 5. should

Exercice 2

1. I would have come but I was too busy. 2. You should not give up now. 3. I would like to ask you something. 4. She should have come. What's her excuse now? 5. You could have told me?

RÈGLE 25. SUBJONCTIF

Exercice 1

1. It is important that Marie send the documents today. 2. They ask that the report be completed by the end of the week. 3. It's necessary that she be there. 4. It is important that she take the file with her. 5. I suggest Franck read the new instructions.

Exercice 2

1. God bless America. 2. Come as may. 3. Be that as it may. 4. If need be. 5. So be it.

RÈGLE 26. *PHRASAL VERBS*

Exercice 1

1. at 2. for 3. forward to 4. after 5. for

Exercice 2

1. in 2. from 3. to 4. on 5. back

CORRIGÉS DES EXERCICES

Exercice 3

1. down 2. off 3. in 4. off 5. for

RÈGLE 27. VOIX PASSIVE

Exercice 1

1. A new memo was sent by the CEO. 2. The answers are being collected by John right now. 3. A decision will be taken tomorrow. 4. The computer was fixed yesterday. 5. The decision had to be postponed.

Exercice 2

1. He could not read one of the sentences. 2. The client filled the form yesterday. 3. The company will hire her soon. 4. Susan will not take care of it. 5. They are arresting the thieves.

RÈGLE 28. *CAN, COULD*

Exercice 1

1. will be able to 2. can 3. be able 4. was able 5. can

Exercice 2

1. A) 2. A) 3. B) 4. B) 5. B)

RÈGLE 29. *MUST, SHOULD*

Exercice 1

1. It should be a problem. 2. You need to wait much longer. 3. You need to send her another email. 4. It should be much longer. 5. You need to take care of this.

Exercice 2

1. It must have been painful. 2. It should not have taken so much time. 3. It could have been much more expensive. 4. You should not have done this. 5. You must have been relieved.

RÈGLE 30. PROBABILITÉ

Exercice 1

1. must 2. may 3. may 4. must 5. may/might

Exercice 2

1. There must be many guests. 2. The meeting could be a bit tense. 3. He may come by in the afternoon. 4. His/her plane must have been delayed. 5. There must have been a lot of noise.

RÈGLE 31. AU BUREAU

Exercice 1

1. emergency exit 2. binder 3. elevator/lift 4. cell phones 5. opening hours

Exercice 2

1, 4, 7, 9, 10.

Exercice 3

1. to send 2. to send/to ship 3. to forward 4. to attach 5. to receive

RÈGLE 32. ARGENT, SALAIRE, PRIX

Exercice 1

1. lent 2. expenses 3. afford 4. sales 5. currency

Exercice 2

1. She earns twice as much as I do. 2. I work overtime to earn extra money. 3. He spent $ 2,000 in one day. 4. I can't afford to buy now. 5. I am saving money to buy a new car.

Exercice 3

1. money does not buy happiness 2. cash cow 3. it costs an arm and a leg 4. to tighten one's belt 5. to cut corners

RÈGLE 33. BANQUES, BOURSE ET ASSURANCES

Exercice 1

1. balance 2. overdraft 3. bank statement 4. to withdraw/cash withdrawal 5. a loan

Exercice 2

1. I have decided to switch to an online bank because it is less expensive. 2. Thanks to our income, we were granted credit facilities. 3. I am going to have to open a business account. 4. Following your request, you will receive a weekly statement. 5. I would like to renegotiate my mortgage.

RÈGLE 34. CLIENTS, MARKETING ET PUBLICITÉ

Exercice

1. C) 2. C) 3. C)

RÈGLE 35. COMPTABILITÉ

Exercice 1

1. account for 2. accountant 3. accountancy 4. accountability 5. accounts

CORRIGÉS DES EXERCICES

Exercice 2

1. profitability 2. tax evasion 3. bill/invoice 4. financial loss 5. tax

Exercice 3

1. associated with = related to 2. exactitude = accuracy 3. mainly = primarily 4. consultant = an adviser 5. merchants = vendors

RÈGLE 36. CONDITIONS DE TRAVAIL ET TEMPS DE TRAVAIL

Exercice 1

1. adjourned 2. engaged 3. homework 4. post

Exercice 2

1. trade unions 2. CV/résumé 3. workaholic 4. freelance 5. discrimination

Exercice 3

Communs à plusieurs pays : Christmas, New Year's Day, Easter Monday...
Angleterre : Spring Bank holiday, Boxing day...
Australie : Australia Day, Queen's Birthday...
Canada : Canada Day, Thanksgiving...
Irlande : Saint Patrick's Day...
USA : Independence Day, Thanksgiving...

RÈGLE 37. DROIT

Exercice 1

1. straight, law, right, duty 2. to hire, to engage, to start 3. university, faculty, ability 4. call, appeal 5. palace, court

Exercice 2

1. B) 2. B) 3. B) 4. B) 5. A)

RÈGLE 38. ÉCONOMIE MONDIALE

Exercice 1

Nom	Personne	Verbe
1. Competition	2. Competitor	To compete (with)
Agreement		3. To agree
Exports	4. Exporter	5. To export

Exercice 2

1. brain drain 2. counterfeit 3. protectionism 4. to export 5. customs

RÈGLE 39. ÉTUDES SUPÉRIEURES

Exercice 1

1. studied 2. tuition fees 3. graduating 4. minor 5. scholarship/grant

Exercice 2

1. B) 2. C) 3. B) 4. A) 5. C)

RÈGLE 40. ENVIRONNEMENT

Exercice 1

1. defense, protection, restriction, prohibition 2. effect, consequence 3. Panel, sign 4. soil, ground 5. quake

Exercice 2

1. B) 2. A) 3. A)

RÈGLE 41. NOURRITURE ET SANTÉ

Exercice 1

1. some 2. a little 3. any 4. a few 5. any

Exercice 2

1. B) 2. C) 3. B) 4. B) 5. A)

RÈGLE 42. NOUVELLES TECHNOLOGIES ET COMMUNICATION

Exercice 1

1. addicted to 2. attached to 3. hacked 4. logged on 5. sold

Exercice 2

1. Dear Madam/Dear Mrs Frank 2. Dear Sir/Dear Mr Lawrence 3. Sincerely 4. Best regards 5. I am looking forward to hearing from you.

Exercice 3

1. A) 2. D) 3. B)

RÈGLE 43. ORGANISATION DE L'ENTREPRISE

Exercice 1

1. executive, frame, framework 2. chief, chef, boss 3. secretary, assistant 4. service, favour, department 5. society, company, business

CORRIGÉS DES EXERCICES

Exercice 2

1. B) 2. A) 3. C) 4. C) 5. B)

RÈGLE 44. PRODUCTION

Exercice

1. B) 2. B)

RÈGLE 45. RECRUTEMENT ET RESSOURCES HUMAINES

Exercice 1

1. applicant 2. applied 3. application 4. applying 5. to apply

Exercice 2

1. A) 2. B) 3. C) 4. A) 5. A)

RÈGLE 46. RETRAITE ET PROTECTION SOCIALE

Exercice 1

1. to assist, to aid, to attend 2. advantage, benefit 3. cover, blanket 4. pension, boarding school 5. retirement, pension

Exercice 2

1. A) 2. B) 3. C)

RÈGLE 47. RÉUNIONS

Exercice 1

1. objective, goal, neutral, unbiased 2. summary 3. meeting, reunion

Exercice 2

1. B) 2. B) 3. C) 4. C) 5. B)

RÈGLE 48. VOYAGES ET DÉPLACEMENTS PROFESSIONNELS

Exercice 1

1. to save/unsafe/safety 2. cancellation/cancelled 3. airplaine aircraft air miles air hostess

Exercice 2

1. under the seat 2. through the window 3. on your left 4. next to you 5. above your head

Exercice 3

1. aisle 2. upgraded 3. unattented luggage 4. landing and take off 5. travel expenditures

Collection LES INCONTOURNABLES

- 50 règles essentielles : coréen
- 50 règles essentielles : grammaire française
- 50 règles essentielles : grec ancien
- 50 règles essentielles : hébreu
- 50 règles essentielles : orthographe française
- 50 règles essentielles : TOEIC® - TOEFL®
- 50 règles essentielles en allemand
- 50 règles essentielles en anglais
- 50 règles essentielles en arabe littéral
- 50 règles essentielles en chinois
- 50 règles essentielles en espagnol
- 50 règles essentielles en italien
- 50 règles essentielles en japonais
- 50 règles essentielles en latin
- 50 règles essentielles en portugais brésilien
- 50 règles essentielles en russe
- 50 règles essentielles en turc
- L'essentiel de la civilisation américaine
- L'essentiel de la civilisation britannique
- L'essentiel de la civilisation chinoise
- L'essentiel de la civilisation espagnole
- L'essentiel de la civilisation grecque
- L'essentiel de la civilisation italienne
- L'essentiel de la civilisation japonaise
- L'essentiel de la civilisation romaine
- L'essentiel de la mythologie gréco-romaine
- L'essentiel du droit civil - les obligations
- L'essentiel du droit du travail

34/38, rue Camille-Pelletan - 92309 Levallois-Perret cedex
Imprimerie La Sepec - 01960 Péronnas - 10803171217
Imprimé en France - 1er trimestre 2018

Service éditorial : Marjorie Champetier, Benjamin Dias Pereira, Deborah Lopez
Conception graphique : Catherine Aubin

Dépôt légal à parution
ISBN 978-2-7590-3214-3